Zwei in Eins

Orientalischer Tanz und Ekstase – der weibliche Weg zum 'magischen Feuer'

und

Kalender der Göttin – ein philosophischer Hexenkalender

AF209169

Esoterik

1

Zwei in Eins
Orientalischer Tanz und Ekstase – der weibliche Weg zum 'magischen Feuer'
und
Kalender der Göttin – ein philosophischer Hexenkalender

Orientalischer Tanz und Ekstase – der weibliche Weg zum 'magischen Feuer'
ISBN 3-00-003091-3
1. Auflage 1998
2. verbesserte Auflage 2000 – alte Rechtschreibung
© 1998 Christiane Hausmann
Druck: Libri Books on Demand
Illustrationen: Christiane Hausmann
Verlag: Christiane Hausmann Berlin
www.hausmannverlag.de
Titelbild: Fotografie eines persischen Gemäldes, Privatbesitz
Fotos: privat
Kurse der Autorin: Volkshochschule Berlin

Kalender der Göttin – ein philosophischer Hexenkalender
neu überarbeitete Auflage 2011
© 2005 Christiane Hausmann
ISBN: 3-8334-3072-9
Herstellung und Verlag: Books on Demand GmbH, Norderstedt
Autorin: www.shaktimorgane.bodautor.de
Titelbild: clipserver.de, Fotograf unbekannt

Orientalischer Tanz und Ekstase & Kalender der Göttin
Zwei in eins
Herstellung und Verlag: Books on Demand GmbH, Norderstedt
ISBN: 9783842364400

Shakti Morgane

Orientalischer Tanz und Ekstase - der weibliche Weg zum 'magischen Feuer'

MIT ÜBUNGSTEIL

Für SELKET - Der altägyptischen Schutzgöttin der Zauberer und Heilkundigen gewidmet und allen Manifestationen ihres Geistes in der heutigen Welt.

Inhaltsverzeichnis

Das Schicksal des Frauentanzes in der Geschichte

Einst, als wir von jenem Allgeist, den wir Gott nennen, noch nicht getrennt waren, liebten wir den, den wir lieben wollten und es war recht. Auf der Suche nach Nahrung zogen wir mit unserem Stamm umher. Gemeinsam jagten wir, fischten wir, sammelten die Früchte in Wald und Flur und alles wurde untereinander aufgeteilt. Da alles im Überfluß vorhanden war, hatten wir viel Zeit. Die verbrachten wir mit Singen und Tanzen. Und wir lebten friedlich und vor allem fröhlich im Einklang mit uns und unserer Umwelt.

Im Mittelpunkt des Lebens stand die Sippe, und da alle irgendwie miteinander verwandt waren, galt die Fürsorge dem ganzen Stamm. Zum Zwecke des Beieinander-Wohnens zogen die Männer in den Clan ihrer Frauen und blieben dort solange sie und ihre Frauen es wollten. Das Familienoberhaupt in dieser nach Mutterrecht organisierten Gesellschaft war der Bruder der Frau.

Zu bestimmten Zeiten feierten alle Stammesmitglieder mit Musik und Tanz Feste zu Ehren der Ahnen, der Göttinnen und Götter oder der Natur, um es z.B. regnen zu lassen, damit das Getreide wächst oder, um einen Partner zu finden. Frauen tanzten von Kindheit an mit Bauch und Becken, um den Körper auf eine spätere Geburt vorzubereiten und, um die Geburtswehen einer Schwangeren zu begleiten.

Das größte Glück war die Fruchtbarkeit von Wald und Flur ebenso wie die Fruchtbarkeit der Frauen, denn die Ahnen kamen in den Neugeborenen wieder zurück auf die Welt und der Stamm gewann an Stärke durch seine Mitglieder.

Schamanen tanzten außerdem, um die Ahnen bzw. die Göttinnen und Götter oder die Natur bei Entscheidungen um Rat zu fragen, um Inspirationen zu erhalten; wobei Schamanen oft weiblich waren.

Es gab keine Sünde (Sexualmoral), die Menschen lebten im natürlichen Einklang miteinander. Spiritualität und Sexualität waren miteinander verbunden.

So oder ähnlich lebten die Menschen irgendwann einmal. Und bis in unsere heutige Zeit konnte man noch z.B. in der Südsee oder in Amazonien Stämme finden, die einer solchen Lebensweise sehr nahe kamen.

Dann setzte überall auf der Welt, im Mittelmeerraum möglicherweise um ca. 4000 v. Chr. oder sogar noch früher, allmählich ein Entwicklungsprozeß ein, der im Mittelmeerraum etwa bis zur Antike (6./7. Jh. v. Chr.) andauerte: Mit zunehmendem Anwachsen der Stammesmitglieder und dem häufigeren Aufeinandertreffen von Stämmen, die einander fremd waren, etablierte sich nach etlichen, mit Frauenraub verbundenen, kriegerischen Auseinandersetzungen, ein mit zunehmender Arbeitsteilung und der Notwendigkeit des Seßhaftwerdens einher gehender Güteraustausch (Tauschhandel). Die Männer zogen nun nicht mehr in den Clan ihrer Frauen, sondern holten diese zu sich. Dafür erfolgte an die Familie der Frau für die verloren gegangene Arbeitskraft eine Abgabe als Entschädigung (der Brautpreis). In der Folgezeit ist es für das Anhäufen von Gütern vorteilhaft, Töchter und Schwestern an Männer abzugeben, die einen hohen Brautpreis bezahlen können. Damit mußte die "sexuelle Wahlfreiheit" (Buonaventura) der Frauen ein Ende haben, und es bildeten sich allmählich Unterschiede in den Besitzverhältnissen der Stammesmitglieder heraus.

Was das Feiern von Festen betrifft, so gehen reiche Familien dazu über, bei entsprechenden Anlässen tanzen zu lassen und nicht mehr selber zu tanzen. Der "Einbruch der Sexualmoral" (Reich) hatte mit der Einführung des Brautpreises begonnen. Sexualität und Spiritualität sind künftig voneinander getrennt, und Sexualität und Wirtschaft sind miteinander verbunden. Frauen werden zu Waren. Sexualität wird käuflich.
Die Erinnerung an den alten Fruchtbarkeitskult bleibt zwar zunächst erhalten, dieser wird jedoch nur noch von Frauen durch Tanz auf hochgelegenen Plätzen zum Zweck der Göttinnenverehrung ausgeübt. Der religiöse Inhalt des Kults: durch wahre Liebe zu Fruchtbarkeit und ewigem Leben; wird durch Symbole in Form von 'Nabelstein' und 'Schlange' ersetzt und allmählich vergessen. Göttinnenverehrung wird zunehmend mit Prostitution (sakrale Prostitution) verbunden. Dann, etwa zur Zeit König Salomos, beginnen sich neue Religionen durchzusetzen, zuerst das Judentum, dann das Christentum und dann der Islam. Mit der Durchsetzung dieser Eingott-Religionen, die einen Zeitraum von der Antike bis etwa 500 n. Chr. (Zeitraum des Römischen Reichs) in Anspruch nahm, entfällt allmählich die Göttinnenverehrung. Die zuerst sakrale Prostitution wird zur profanen Prostitution auch der Flötenspielerinnen und Tänzerinnen. 55 n. Chr. wird im Römischen Reich der letzte Göttinnentempel geschlossen.[1] Das Christentum hat sich im Mittelmeerraum etabliert.
Aber das historische Pendel bewegt sich auch wieder in die andere Richtung. Mit dem Untergang der Stadtzivilisation des Römischen Reiches wird ca. 500 bis 1500 n. Chr. durch die aus Asien kommende, neu einsetzende Völkerwanderung (sog. Barbareninvasion) auf anderer Ebene eine Erneuerung der Kultur nomadisierender Stämme erzeugt. Es entsteht

ein inzwischen vergessenes "Weltreich der mythischen Liebe" (Golowin), das von Java und Bali bis zum Norden Europas reicht. Das Rittertum gelangt zur Blüte. Die 'wahre Liebe' (Minnewesen) gewinnt wieder an Bedeutung. Die hohe Stellung der Frau wird zum Teil wiederbelebt. Bei den Nomadenherrschern, z.B. Odin (ca. 500 n. Chr.) oder Djingis Kahn (1154-1224 n. Chr.), besteht der Brauch, möglichst viele schöne Frauen zu ehelichen, zum einen aus politischen Gründen, aber auch, weil man an die Kraft des weiblichen Elements glaubt.[2]

Von jener Zeit erzählen unsere Märchen (z.B. die Geschichte von der Frau Holle). Eine Kultur höfischen Lebens mit Musik, Tanz, Dichtung, Kunst und Wahrsagen und des "guten Herrschers" (Golowin), wie bezeugt durch die Artus-Sage mit den Rittern der Tafelrunde und der Sage von Dietrich von Bern, sind entscheidend für die Machtentfaltung des Hofes und einer Ausdehnung des Reiches.[3] Vor allem gibt es aber 'Weise Frauen', die um alle Dinge von Liebe, Geburt, Leben und Tod wissen und wahrsagen können.[4]

Was die Religionen betrifft, so sind nun alle vorhanden. Die Eingott-Religionen der Stadtzivilisationen ringen mit dem Heidentum aus den Ekstase-Kulten der nomadisierenden Stämme. Denn oberflächlich nehmen die nomadisierenden Stämme zwar die Religion des jeweiligen Herrschaftsbereiches an, den sie erobern, nach außen herrschen z.B. Christentum oder Islam, nach innen wirkt jedoch das Heidentum, das bedeutet, es werden Naturreligionen bevorzugt oder viele Göttinnen und Götter angebetet. Als Beispiel läßt sich anführen, daß am Hofe des Kaisers des Heiligen römischen Reiches deutscher Nation, Friedrich II von Hohenstaufen, orientalische Tänzerinnen zur Unterhaltung der Frau des Kaisers gehörten, die eine arabische Prinzessin war.[5] Der Kaiser selbst liegt mit dem Papst in Fehde; aus seinen Reden geht hervor, daß er einer Ketzerlehre anhängt.[6]

Schließlich, das historische Pendel hat wieder einmal die Richtung gewechselt, gewinnen die Eingott-Religionen endgültig die Oberhand über die Göttinnen- und Götterverehrung. Etwa vom 16.-18. Jh. n. Chr. sind zwar seit der Völkerwanderung im Herrschaftsbereich des Islam, die Tänzerinnen zu neuen Ehren an den Höfen der Nomadenherrscher gelangt, jedoch unterhalten sie nur noch die Frauen im Harem und werden zu Familienfesten wie z.B. bei Hochzeiten, Beschneidungsritualen, Geburtstagen etc. als Unterhalterinnen geschätzt, denn sie gelten als Glücksbringerinnen. In Europa aber verschwindet unter der Herrschaft des Christentums der Frauentanz, der durch Frauen aus dem Orient zur Zeit der Völkerwanderung mitgebracht worden war, mit der Hexenverfolgung endgültig. Frauentanz findet sich hier nur noch bei Zigeunerstämmen. Erst die Kirche und später die Wissenschaft (Zeitalter der Aufklärung) bereiten in Europa den Boden für die industrielle Revolution: "Alle die volkstümlichen Märchen von den Weisen Frauen und die großen, mit ihrem Wirken verbundenen, vom Volke lange vergötterten Geschlechter mußten verschwinden. Jede Information über die geheime Tradition der Völker schien immer 'störender' für einen Zeitgeist, dessen Vertreter alle Bereiche des menschlichen Daseins 'rational', nach kalt berechenbaren Regeln gestalten wollten."[7] Und so ist es bis heute geblieben, Kirche und Wissenschaft wirken vereint an der Trennung von Körper und Geist bzw. Gefühl und Gefühlsbewußtsein für den 'historischen Fortschritt'. Bereits in den 30er Jahren unseres Jh. beklagte daher Reich eine orgiastische Impotenz bei der Bevölkerungsmehrheit, die sich inzwischen offenbar zum Low Sexual Desire Syndrom gewandelt hat. Darüber hinaus ist Mutterschaft heute, seit der 'Überbevölkerungsthese', noch zusätzlich in Mißgunst geraten, wodurch die weibliche Sexualität und die damit zusammenhängende Fruchtbarkeit des Bauches von etwas 'Anbetungswürdigem' zu etwas 'Unanständigem' herabgewürdigt wurde. So empfinden manche Menschen, da sie sexuelle Probleme haben und an ihren 'Bauch', dem Sitz der Sexualorgane, möglichst gar nicht erinnert werden wollen, sogar die Bezeichnung 'Bauchtanz' als diskriminierend. Im 19. Jh. n. Chr. entdeckten dann Orientreisende zusammen mit den Kolonialmächten die Bauchtänzerinnen wieder. Heute findet im Orient und in Europa Orientalischer Tanz? als Showtanz und im Orient darüber hinaus noch als Volkskunst bei Familienfeiern statt.

Nachdem wir jetzt mit 'Siebenmeilen-Stiefeln' die Geschichte durchquert haben, fragen wir uns, weshalb Bauchtanz uns heute immer noch fasziniert. Zum Glück sind, da Mutterschaft zur biologischen Natur von Frauen gehört, alle Dinge, die damit irgendwie in Zusammenhang stehen, unausrottbar. Obwohl Frauen ihrer weiblichen Sinnlichkeit in unserem Kulturkreis mehr und mehr entfremdet werden, was sich deutlich sichtbar in dem Wunsch vieler Frauen nach einem 'flachen Bauch' äußert und im krankhaften 'Weghungern' und 'Wegtrainieren' des Bauches gipfelt, ist der Bauch doch der Ort der Keimzellen und des Wachstums neuen Lebens und damit das Gefühlszentrum unserer Sexualität schlechthin. Und so besteht der Wert des Orientalischen Tanzes für uns heute darin, daß er, da er aus Ekstase-Kulten stammend, ursprünglich zur Anregung neuen Lebens, der Fruchtbarkeit und Sexualität bzw. der Schöpfungskraft diente, zum Auflösen jeglicher Gefühlsblockierung, und besonders der sexuellen, geeignet ist. Tanzend wurden Mädchen einstmals körperlich und geistig auf ihre schwerste Stunde als Frauen vorbereitet, sie lernten durch den Bauchtanz der Frauen, wie man physisch und psychisch mit den Verkrampfungen, die eine Geburt begleiten, umgeht.[8] Außerdem wurde der Orientalische Tanz zum Zwecke der Überschreitung des Alltags und zur Verbindung mit der inneren und äußeren Natur getanzt:

Wenn bei einer natürlichen Geburt die Wehen die Kreißende wie eine Naturgewalt erfassen, muß sie mit dem Atem mit den Wehen, die wie Wellen kommen und gehen, im Einklang bleiben, dann verspürt sie keinen Schmerz und am Ende ist das Kind da - neues Leben beginnt. Sie muß also gelernt haben, ekstatisch die Wehen zu beatmen.

Ebenso ist es beim Orientalischen Tanz, wenn die Musik dem "Geisterrhythmus" (Buonaventura) der Tänzerin entspricht. Die Musik ergreift sie dann wie eine Naturgewalt, und sie überläßt sich dieser Naturgewalt und fliegt, das heißt, sie tanzt und merkt nicht mehr, daß sie tanzt, am Ende fühlt sie sich wie neugeboren.

Golowin zufolge kennzeichnen den Ekstase-Kult nomadisierender Stämme zusammenfassend folgende Eigenschaften:

- *ein Weltbild entsprechend dem Naturkreislauf und der Glaube an die Unsterblichkeit der Seele*

Wie in der Natur die Dinge sich wandeln, wechseln "... die Zustände des Todes und des Lebens einander ebenso (ab, d.V.) wie die Niederlagen und Siege der Völker ...".[9] "Es ist der Sinn jedes Menschen, dessen Bewußtsein 'unsterblich ist und ewig wiederkommt', stolz und frei durch alle Abenteuer zu wandern und ihre Buntheit zu genießen."[10] "... Ahnen (bis zu den mythischen Helden und Stammesgründern der Urzeit!), die Lebenden der Gegenwart, die Nachkommen in der Zukunft, sie alle verbindet der gleiche Lebensstrom. In ihn 'taucht' man beim Tode ein, und aus ihm steigt das Neugeborene als Neugeburt der Vorfahren: aus ihm entnimmt der Schamane in seinen magischen Zuständen seine Ideen und Energien - zum Heil der ganzen Sippengemeinschaft."[11]

- *die heilige Erotik*

Erotik ist heilig, "... weil nach den Lehren der tantristischen Lebensphilosophien, ... die Vollendung eines Wesens nur durch ein harmonisches Zusammenwirken der männlichen und der weiblichen Kräfte (yab-yum) entstehen soll."[12]

- *die Fähigkeit zur Seelenreise (Meditation)*

"Die Fähigkeit zur 'Schau', zum 'Seelenflug', 'zum Besuch der Ahnen und der himmlischen Götter war für die entsprechenden Völker geradezu ein Merkmal der menschlichen Entwicklung ...".[13]

- die Umwandlung der Gefühlswelt in Bewußtsein
Die Fähigkeit " ... scheinbar 'aus dem Leib zu gehen und die Schwere der Welt zu verlieren' ..."[14] ist gemeint.

- Musik und Tanz als Hilfsmittel 'verzückten Sehens'
"Der Tanz der männlichen und weiblichen Schamanen versenkte durch Rauch in der Jurte, Klang, Glanz des Schmucks usw. auch die Phantasie aller Anwesenden in den Zustand der gesteigerten Wahrnehmung."[15] Hilfsmittel hierzu seien: "Leise Trommelschläge, die zuerst dem Schlagen des Herzens entsprechen müssen ...".[16] In den europäischen " ... Sagen und in den verleumderischen Büchern der Hexen- und Ketzerverfolger tanzt häufig ein männlicher Magier ... in der Mitte einer mehrheitlich weiblichen Versammlung ...".[17]

- die Vorstellung vom Körper als Tempel des Geistes
Damit ist die Vorstellung von der Göttlichkeit des menschlichen Leibes z.B. im Tantrismus, im Taoismus ebenso wie bei den Pharaonen gemeint.

Regelmäßiges „Bauch"-tanzen versetzt Frauen daher in die Lage, sich von jeglicher Form äußeren Drucks, der heute durch den Zeitgeist der wirtschaftlich-technischen Rationalität vermehrt verstärkt wird, immer wieder frei zu machen und hilft ihnen mit negativen Emotionen so umzugehen, daß sie durch diese nicht krank werden.

Hierfür ist heute jedoch ein Umdenken erforderlich, ein Umdenken, das uns wegführt vom vordergründigen Unterhaltungswert des Tanzens zum Zwecke der Show oder des 'Tingelns' in Kneipen und Klubs, hin zum Tanzen zum Zwecke der Transformation unserer Gefühle und Stimmungen. Es geht dabei nicht nur um Selbsterfahrung, hauptsächlich geht es um die Erfahrung von Ekstase, welche mit einem Verjüngungseffekt verbunden ist. Durch den ekstatischen Tanz wird die Erdenschwere des Körpers, durch die Bürde der Jahre erworben, zerstört. Der ganze Organismus wird in einen anderen Schwingungsbereich gehoben, der den Körper leicht werden läßt, ihn 'schweben' läßt. Das ist ein Gefühl, als ob man verliebt ist und die Zeit bleibt stehen, und noch Tage später kann man wie auf Wolken gehen.

Das wirft ein anderes Licht auf den Orientalischen Tanz, der in der allgemeinen Vorstellung heute gewöhnlich mit einer Art orientalischem Striptease oder Harem oder zur Animierung von Männern in Zusammenhang gebracht wird, was natürlich auch zu seiner Geschichte gehört, aber nicht wesentlich für ihn ist. Wenn man jedoch zum Zwecke der Transformation negativer Emotionen dieses individuell schöpferische Element weiblicher Sinnlichkeit durch Bauchtanz freisetzen will, so muß noch etwas anderes zur rein hormonellen Ausschüttung körpereigener

Endorphine hinzu kommen. Man muß dann die eigene Einstellung zum Dasein mit reflektieren. Dabei geht es hauptsächlich um Selbstfindung. Es geht um die Fragen: Wer bin ich? Woher komme ich? Was will ich? Wohin gehe ich in dieser Inkarnation, auf diesem Planeten?

Die Erfahrung lehrt uns, Bauchtanz und weibliche Sinnlichkeit lassen sich nicht voneinander trennen. Ohne ein Fortschreiten in der Haltung gegenüber dem eigenen Körper, der eigenen "Leibhaftigkeit des Dasein" (Plack), der eigenen Weiblichkeit, der eigenen Sexualität, gibt es kein Fortschreiten im Bauchtanz. Das was wir suchen ist eine Methode Frauen spezifischer Körperkontrolle und damit eine Quelle zur Erneuerung der Lebenskraft. Es geht um Macht, um Macht über den eigenen Körper. Es gilt die allgemein zu beobachtende gedrückte Alltagsstimmung zu stoppen, die durch das 'Gegängelt-werden-können' anhand unbefriedigter Bedürfnisse und deren Niederschlag in der Gefühlsstruktur entsteht, indem wir unseren Körper autonom kontrollieren.

Die jeweilige Lebenssituation ist in der körperlichen Gefühlswelt eines Menschen ausgedrückt. Am körperlichen Befinden eines Menschen können Körpertherapeuten mit geschultem Blick den Zustand eines Menschen einschätzen, aber auch jeder Mensch kann mit einiger Übung lernen, seine körperliche Befindlichkeit wahrzunehmen, sie zu deuten, und so für ein Handeln im Einklang seines Interesses mit der Umgebung zu benutzen. Zu einer solchen Selbstwahrnehmung verhilft uns: Meditation.

Die beim Orientalischen Tanz durch das isolierte Schütteln und Kreisen des Beckens, des Brustkorbs, der Schultern, der Oberschenkel und des Gesäßes ins Fließen gebrachten Verkrampfungen und Spannungen des Körpers können durch Meditationen ins Bewußtsein gebracht werden, so daß wir in die Lage versetzt werden, die Ursachen dieser Verkrampfungen zu erkennen und uns dadurch bewußt für ein Handeln im eigenen Interesse entscheiden können.

Da durch die "übergangene Sinnlichkeit" (Rumpf) bei der Einübung in die wirtschaftlich-technische Rationalität in unserem Kulturkreis ein Seelenzustand entstanden ist, der sich u.a. durch mangelnde Seelenstärke im Angesicht von Gegnern auszeichnet, brauchen wir Meditation, um in einem Augenblick der Besinnung und Stille das Loslassen der Welt zu üben, damit wir unserer Seele wieder begegnen können. Denn es entsteht heute, gerade weil wir entwertet und zu seelenlosen und daher krankheitsanfälligen Robotern gemacht werden, häufig genug das simple Bedürfnis nach weiblicher Identität, das Bedürfnis nach dem Vollbesitz unserer körperlichen und seelischen weiblichen Kräfte. Lernen wir also von jenen alten Kulturen, in denen Frauen eine hohe Wertschätzung zukam und nehmen wir uns heute die Zeit zum Meditieren und Tanzen. Seit alten Zeiten ist gerade Bauchtanz überhaupt das Mittel für die Verbindung des Endlichen mit dem Unendlichen zum Zwecke des Schöpfens von Kraft. Die orientalische Musik hilft uns, den Rhythmus zum Versenken in den eigenen Körper zu finden, das "Geplapper" (Kurtz/Prestera) im Kopf abzuschalten und den Kopf frei zu bekommen für die Visionen des eigenen weiblichen Körpers, des eigenen Wollens und Geistes, unabhängig von der Rolle, die jede von uns gerade zufällig im Erwerbsleben und in der Gesellschaft zu spielen gezwungen ist.

Die 'Qual der Wahl' oder die 'Macht der Entscheidung'

Im Allgemeinen gilt für uns heute, daß wir das wollen, was wir wollen sollen. Außerdem wollen wir auch noch das, was wir aus früheren Inkarnationen ins emotionale Muster eingeprägt bekommen haben. Dies ins emotionale Muster eingeprägte Karma äußert sich dann als Handlungsimpuls, dem wir gern nachgeben möchten. Da aber das mit dem Emotionalkörper verbundene sexuelle Leben einen wichtigen Einfluß in unserem Dasein hat, sollten wir uns bei unseren Liebesentscheidungen möglichst unseres Karma und den Einflüssen unserer Umwelt bewußt sein. Denn, zwar sind schon seit langer Zeit Spiritualität und Sexualität getrennt worden, aber dennoch gilt nach wie vor für unser Glück auf Erden, daß Spiritualität mit Sexualität harmonieren muß; kurz gesagt: Es gibt in einer gegebenen Situation viele mögliche Partner, aber nur einer ist der richtige, um die "kreativen Fähigkeiten des Körpers" (Cayce) bzw. die Schöpfungskraft entwickeln zu können und somit die Möglichkeit zu erhalten, in dieser Inkarnation mit der Persönlichkeitsbildung weiter voran zu kommen, und dem "ewigen Recht der Seele auf Liebe" (Golowin) Geltung zu verschaffen.

Was für eine gigantische Aufgabe scheint das zu sein, sich dem eigenen Karma und der Umwelteinflüsse bewußt werden zu müssen, damit man sich richtig entscheiden kann und in diesem Leben mit der eigenen Entwicklung vorankommt.
Für eine derartige Bewußtwerdung sind Maßstäbe nötig, die über den gegebenen Bezugsrahmen in einer Gesellschaft hinaus weisen. Der einzige Maßstab, der hierfür geeignet ist, ist das eigene "spirituelle Ideal" (Cayce).

Das ist nicht irgendeine Idee oder Ideologie, sondern die Suche nach dem eigenen 'spirituellen Ideal' bedeutet die Beantwortung der Fragen: Was ist mir wertvoll in diesem Leben? Wonach möchte ich streben? Was würde ich gerne verwirklichen, wenn ich es könnte?

Wenn wir davon ausgehen, daß der Körper der Tempel unseres Geistes ist, ist unser Ideal immer dann in unserem Körper potentiell enthalten, wenn wir mit uns vereint sind, im Einklang bzw. im Gleichgewicht mit uns sind. Letztlich ist das wonach wir streben müssen, um unser 'spirituelles Ideal' zu finden, nichts anderes als Wohlgefühl, Gesundheit und Identität.

Die Sexualität ist das scharfe Schwert, das hierbei zwischen Gut und Böse trennt. So gibt es sexuelle Verbindungen, die uns deshalb krank machen, weil sie eben nicht mit unserem 'spirituellen Ideal' harmonieren. Wer aber glaubt, daß er nur glücklich ist, indem er leidet bzw. wer Liebe und Leiden verwechselt, bei dem ist Sexualität ohnehin nicht mit Spiritualität, sondern mit Wirtschaft verbunden.

Damit der Tod diesem Spuk nicht ein Ende bereitet, muß man sich in diesem Fall ganz schnell auf seinen Körper besinnen. Man sollte mit der Hilfe von Körpertherapien oder mit Musik, Tanz und Meditation versuchen, zuerst ein Körperbewußtsein zu entwickeln, um in die Lage zu kommen, das 'kompensatorische Gleichgewicht' zu verlassen und das echte Gleichgewicht wiederzufinden.

Für unser Wohlbefinden im Leben ist die Gegenseitigkeit bzw. das Gleichgewicht des Wollens zweier inkarnierter Seelen entscheidend. Unser Körper reflektiert wie ein Seismograph die vom Wollen unserer Umwelt ausgehenden Schwingungen, die uns betreffen. Dies gilt nicht nur für die sexuellen, sondern für alle Arten von Beziehungen. Unsere Seele stimmt dann entweder zu oder lehnt ab. Unser Körper reagiert entsprechend, entweder mit Wohlgefühl oder Unwohlsein wie Schmerz, Wut, Trauer, Zorn, Angst und anderen negativen Emotionen und, wenn wir diese negativen Emotionen nicht zur Kenntnis nehmen, mit Verspannungen, Verformungen bis hin zur Krankheit.

Darum können wir eben unsere negativen Emotionen als Kriterium dafür benutzen, ob wir im Gleichgewicht mit uns und unserer Umwelt sind oder nicht, und können dann anders handeln bzw. uns anders entscheiden, und unseren Weg neu bestimmen. Eine andere Frage ist: Wie orientiere ich mich neu? Welchen Weg soll ich gehen? Es ist die Frage danach, bei welcher der möglichen, zur Wahl stehenden Entscheidungen ich mich wohl fühle. Welcher Weg ist mein Ausweg? Welche Entscheidung verschafft mir die Gegenseitigkeit, wenn ich es mit Menschen zutun habe, die ich nicht einfach nach ihren Motiven fragen kann, weil sie selbst ihre innersten Bedürfnisse gar nicht kennen.

Hierbei hilft uns die Bauchtanzmeditation, denn in den Jahrtausende alten Bewegungsabfolgen des Orientalischen Tanzes sind Gefühle von Leben, Liebe, Glück und Ekstase enthalten, die wir durch Anwenden der Bewegungen wieder entdecken können; der Körper vollzieht die Bewegung und die Seele folgt allmählich nach.

Und wenn die Seele in der Bauchtanzmeditation "... hervorstrahlt, wenn sie in jenem Bereich ist, wo der Geist der Wahrheit und des Lebens jeden Tag mit ihr kommuniziert, dann spiritualisierst du tatsächlich die Begierde auf der irdischen Ebene."[18]

Derart wird man allmählich in die Lage versetzt, ein Verlangen danach beurteilen zu können, ob es mit dem eigenen 'spirituellen Ideal' harmoniert, oder ob es sich letztlich um eine Begierde handelt, die nicht im Einklang mit der Kraft ist, die ausgleicht und deshalb zerstörerisch wirkt.

Wenn man dieses bewußte Fühlen bei der Bauchtanzmeditation einsetzt, wenn man also bei der Bauchtanzmeditation während des Tanzens den Geist auf das Objekt der Begierde richtet, kann man körperlich spüren, ob man in seinem Verlangen auf dem richtigen Weg ist. Das Tanzen wird in diesem Fall leicht und verschafft einem Schwung, neue Energie und Wohlgefühl, während es im anderen Fall schwierig wird, nicht so recht gehen will, man alsbald keine Lust mehr hat und sich irgendwie abgestoppt fühlt.

Es geht dabei nicht um Trance-Tanz, sondern Bauchtanzmeditation ist ein Tanz, der uns in unserem Bewußtseinszustand hellwach macht, während die Trance uns in der Besitznahme durch einen anderen Geist zur Bewußtlosigkeit führt.

Indem wir durch Bauchtanz und Meditation lernen, unsere Gefühlswelt zu benutzen und sie bei Entscheidungen als Kriterium zu berücksichtigen, lernen wir es, uns selbst zu erkennen. Durch das Einüben in das Aufspüren von Gefühlen des echten Gleichgewichts, das wir mit den überlieferten Bauchtanzbewegungen herbeiführen, können wir uns auch besser ziel- und treffsicher entsprechend unserer innersten Natur entscheiden. Da wir uns heute zunehmend unter Druck entscheiden sollen, wobei wir ohnehin meist davon ausgehen können, daß wir dann manipulativ in Entscheidungsprozesse einbezogen werden sollen, können wir den Entscheidungsprozeß abkürzen, wenn wir wichtige Entscheidungen nicht erst 'überschlafen' müssen, sondern 'übertanzen' können. Somit sind wir der aus lauter Angst vor dem sozialen Abstieg um sich greifenden Denkblockade und daher Handlungsunfähigkeit nicht länger ausgeliefert, da wir es lernen, unsere Gefühlswelt zu benutzen und damit bewegungsfähig bleiben.

Sexualität und Schöpfungskraft

Sexualität und Wirtschaft sind seit der ersten Einführung des Brautpreises immer miteinander verbunden geblieben, daran konnte auch die 'sexuelle Befreiung' in den Industriemetropolen nichts ändern, statt dessen hat sich für die Mehrheit der Bevölkerung mit der 'sexuellen Befreiung' bloß das Ziel des materiellen Fortschritts ins Gegenteil verkehrt. Heute ist daher allgemeine Promiskuität die adäquate Ausdrucksweise der Konkurrenzsituation der wirtschaftlich-technischen Gesellschaft in der industriellen Zivilisation als gegenseitige Entmachtung aller durch alle. Das Ergebnis ist die 'allgemeine Ohnmacht' bzw. die 'allgemeine Paralyse'.

Eine wirksame Kraft der Veränderung ist aber neben der 'Macht' auch noch die 'Liebe'.[19] Durch die Trennung von Sinnlichkeit und Spiritualität wurden wir einst von der 'Macht' unseres ursprünglichen Antriebs beraubt und damit des "Schlüssels zum Glück" (Golowin). Die ursprünglichen Liebesabsichten werden von uns in der Regel verdrängt und als 'verstauchte Triebe' bilden sie den Sand im Getriebe des Körpers. Es entstehen Krankheiten, Lähmungszustände und andere körperliche Symptome. 'Streß im Unterbewußtsein' wird ebenfalls anhand dieser 'verstauchten Triebanteile' erzeugt, da diese den Boden bzw. den Nährstoff für Angst, Aggression, Depression usw. bilden. Es gilt daher, die ursprünglichen Liebesabsichten wiederzufinden, das heißt, der Körper muß vom alten Gefühlsschrott befreit werden, indem man die 'verstauchten Triebanteile' auflöst. Man tut dies, indem man sich diese bewußt macht und neu mit ihnen umgeht. Negative Emotionen sind immer ernst zunehmen, denn sie sind Alarmzeichen des Körpers gegenüber Zumutungen und Erwartungen aus unserer Umwelt, die nicht mit unserem 'spirituellen Ideal' übereinstimmen. Wenn wir den Erwartungshaltungen unserer Umgebung nicht nachgeben, wüten die entsprechenden Personen in unserem Innern. Die Stärke dieses Streits entspricht ganz den 'verstauchten Triebanteilen', die für derartige frei schwebende Erwartungen bei uns zur Verfügung stehen, an denen sie sich 'festkrallen' können. Unsere Tiernatur macht sich in dem inneren Unfrieden bemerkbar, der uns dann quält. Durch die bewußte Wahrnehmung der negativen Emotionen, also im Geiste, kann jedoch die Ursache einer solchen Qual beseitigt werden. Das Gleichgewicht kann durch die geistige

Wahrnehmung wieder hergestellt werden. Sobald der Geist die Ursache gefunden hat, ist die Qual vorüber. Es geht dabei um die Umwandlung negativer Emotionen in Bewußtsein. Diese Fähigkeit, Gefühle in Bewußtsein umzuwandeln, stellt sich mit zunehmender Praxis in der Bauchtanzmeditation ein.

Wir nehmen in diesem Fall eine unserer Stimmung entsprechende Bauchtanzmusik. Und mit der Frage im Herzen: Was denn eigentlich los sei, versenken wir uns in den Rhythmus und gleichzeitig tiefer in das uns bestimmende Gefühl. Die orientalische Musik ist derart beschaffen, daß sie die Frequenzen des Ausgangsgefühls ändert. Das Ausgangsgefühl wird bei entsprechender Hingabe an den Körper und an die Musik während des Tanzes verwandelt und mit zunehmender Losgelöstheit, eingeübt durch Meditation, kann ein entsprechendes Bild dem Geist die Ursache erhellen.

Wir sind immer in der Lage, im Einklang mit uns zu bleiben und das heißt, wir können unsere Schmerzen in den Griff bekommen, wenn wir derart schamanistisch (meditativ) tanzen. Wir werden wieder frei von Schmerzen bzw. negativen Emotionen. Weil wir, aufgrund der sicheren Einschätzung unserer Gefühlswelt, die richtige Entscheidung treffen können, sind wir nun in der Lage, die Verantwortung für uns selbst und unser Handeln übernehmen zu können.

Solange wir unfähig sind, die Verantwortung für uns selbst zu übernehmen, bleiben wir unfrei, den Kräften unserer Umwelt ausgeliefert. Wenn man jedoch die eigenen Gefühle identifizieren kann, und demnach die eigenen Schmerzen für ein Handeln im eigenen Interesse benutzen kann, wird sich umgekehrt in den Handlungen der Umwelt die eigene Kraft widerspiegeln. Derart entfalten wir unsere Schöpfungskraft und können somit individuell Spiritualität mit Sexualität wieder aktiv verbinden.

Die Körperzentren, die mit der Sexualität verbunden sind, sind identisch mit denen, durch die die spirituelle Energie fließt.[20] Es führt zu zerstörerischen Formen für das Individuum und für seine Umgebung, wenn sich Sexualität und Spiritualität bei einer Person widersprechen.[21] Wir können demnach Begierden nach den Zielen, Wirkungen und Emotionen beurteilen, die sie hervorrufen. Zu fragen ist: bringen sie Sanftmut, Liebe, Freundlichkeit? Erleichtern sie die Heilung von Körper und Geist? Oder bringen sie Schmerzen, Krankheit, Haß und Angst? Bei sexuellen Begierden sind die Kriterien: bringen sie das Licht, die Wärme?[22]

Die 'wahre' und die 'falsche' Liebe

Wir sprechen von der 'wahren' und der 'falschen' Liebe, da sexuell mit dem 'falschen' Partner verkehren bedeutet, sich mit einer Kraft einzulassen, die nicht wesensgleich ist, deshalb nicht im ureigensten Interesse wirkt und einen auf Dauer auslöscht. Es gibt 'Liebe machen' aus den verschiedensten Motiven heraus: z.B. um die Eltern zu ärgern, um nicht mehr allein sein zu müssen, um wirtschaftlich weiter zu kommen, aus Prestigegründen, etc. In heutigen Partnerschaften wird im allgemeinen vom Partner erwartet, daß er die Fehler der Eltern ausgleicht, Bedürfnisse befriedigt, die im Elternhaus unbefriedigt geblieben sind. Einer sucht dann z.B. eine Mutter in der Partnerin, eine andere einen Vater im Partner, manch einer sucht eine Schwester oder manch eine sucht einen Bruder. Es entstehen also Rollenzuweisungen aufgrund von Erwartungshaltungen, die einen Menschen auf Dauer einengen und diese Partnerschaften immer wieder zerbrechen lassen. Wir geraten jedoch solange in derartige Konstellationen, solange wir nicht lernen, die Impulse unseres Karma zu deuten und uns auf die Suche nach unserem 'spirituellen Ideal' zu begeben. Diese Konstellationen, in die wir hinein geraten sind, sind uns daher nicht als 'Stolpersteine' in den Weg geworfen, sondern damit wir lernen, sie als 'Stufen' für die eigene Persönlichkeitsbildung zu nutzen. [23] Fragen wir uns also, zum Zwecke der eigenen Entwicklung, in welche Partnerschaftskonstellationen wir geraten sind. Fragen wir uns danach, welche Rolle wir spielen müssen, um die Familie komplett zu machen. In 'Vater/Tochter-Partnerschaftskonstellationen' wäre z.B. die Rolle der Mutter für eine weibliches Kind übrig, für ein männliches die Rolle des Bruders der Mutter. Niemals können Kinder dann in der Rolle aufwachsen, die ihnen eigentlich zukommt, die der Tochter bzw. des Sohnes. Und so pflanzen sich diese Partnerschaftskonstellationen in der nächsten Generation fort.

Die 'falsche' Liebe ist aber unfähig, die Schöpfungskraft zu entfalten und somit Glück, Reichtum und Frieden zu erlangen. Sind wir erst einmal in einer falschen Verbindung gelandet, bleiben Ungleichgewichte nicht aus. Schicksalsschläge werden uns unmißverständlich klar zu machen versuchen, daß wir um Veränderung in unserem Leben bemüht sein müssen.

Da außerdem bei den einzelnen Individuen noch karmische Muster in den Gefühlszentren (Chakren) des Körpers eingeprägt sind, können aus diesen resultierende emotionale Impulse noch zusätzlich zu Irritationen im Leben führen. Wenn sich eine Gruppe von Seelen in dieser Inkarnation wieder zusammenfindet, um aneinander geistig zu wachsen, könnte sich eine solche Gruppe z.b. als Familie, also Vater, Mutter, Sohn und Tochter wiederfinden, wobei möglicherweise eine Prägung ins emotionale Muster aus der anderen Inkarnation mitgebracht wird, die der jetzigen Konstellation konträr ist.

Die Tochter könnte möglicherweise einmal die Mutter ihrer jetzigen Mutter gewesen sein, während ihr jetziger Vater vorher die Tochter ihrer jetzigen Mutter war und ihr jetziger Bruder vorher ihr Ehemann, also der Vater ihrer jetzigen Mutter, während ihr jetziger Vater einstmals ihre Enkeltochter war. Die gefühlsmäßigen Irritationen, die sich daraus ergeben würden, müßten von der Seele noch zusätzlich reflektiert werden, um das eigene Schicksal bewußt in der richtigen Richtung weiter gestalten zu können. Cayce zufolge treffen die Seelen nicht zufällig in einer Inkarnation zusammen.[24] Eine solche Gruppe von Seelen trifft sich, um die Ungleichgewichte aus der anderen Inkarnation auszugleichen, voneinander zu lernen, und sich gemäß ihrem 'spirituellen Ideal' weiterzuentwickeln.

Den 'Durchblick' durch derart verzwickte gefühlsmäßige Irritationen und den Blick für die eigene Richtung gewährt uns ursprünglich nur der Tanz.

Schöpfungstanz

Gehen wir davon aus, daß der Geist bzw. die Seele unsterblich ist, das zumindest glaubten unsere Vorfahren aus den Ekstase-Kulten, dann ist das 'spirituelle Ideal' verbunden mit dem eigenen Geist, der sich immer wieder neu als Person inkarniert. Geist ist somit mehr als Bewußtsein. Das Bewußtsein ist zwar der 'Baumeister'[25] der Realität, aber es entsteht erst in der Inkarnation aus der "... Anwendung des Willens auf die Begierde ... ".[26]

Dieser Geist, als spezifischer Ausdruck der Lebenskraft (Sexualität), schafft sich die Bedingungen seiner Inkarnation in einem Tanz mit den ihn umgebenden Elementen. So erzählt uns der frühgriechische Schöpfungs-mythos von einem Tanz.

Die Göttin Eurynome tanzt einsam und nackt inmitten des Chaos auf den Wellen, um sich zu wärmen. Sie tanzt wild und immer wilder (ekstatisch!), bis sich ein Wind (eine Musik!) hinter ihr erhebt, den ergreift sie, es ist Ophion, die große Schlange, die sich mit ihr paart, so wird sie schwanger.[27]

Der Tanz ist dabei ein Mittel zur Gefühlsumwandlung. Durch die Umwandlung des Gefühls der Kälte des Todes (Trennung von Körper und Geist) in die Wärme des Lebens wird neue Gegenseitigkeit des Wollens, neues Gleichgewicht von Körper und Geist und damit neues Leben, neue Liebe erlangt.

Mache die Probe aufs Exempel und begib dich entsprechend dem griechischen Schöpfungsmythos zum Zwecke der Herstellung der Gegenseitigkeit des Wollens oder, wenn du Glück hast, des 'Sehens des eigenen Geistes', in eine Bauchtanzmeditation:

Lausche nach innen, nimm die Melodie wahr, die du in dir hörst, lege eine entsprechende Kassette ein, konzentriere dich auf deinen Bauch, laß los, tanze und siehe wo dein Bauch dich hinführt... In der Regel wird das Bild desjenigen Menschen in dir aufsteigen, der dich begehrt/den du begehrst.

- Wenn du keine bestimmte Melodie in dir hörst, nimm eine Bauchtanz-Trommelmusik, laß dich von deinem Bauch führen - und siehe ...

Manche Tänzerin hat in sich die Melodie der Musik gefunden, die zu ihrer Liebe bzw. ihrem Geliebten paßt.

Das ursprüngliche Liebesverhältnis ist dabei auf ein Gleichgewicht bezogen. Das ganze Geheimnis des Lebens ist auf das Gleichgewichtsgesetz im Naturkreislauf bezogen. In dem Tanz der Körper, die sich auf das Gefühl (die Musik!) einlassen können, wird dies Gleichgewicht mit der Umwelt hergestellt. Die tanzenden Derwische glauben z.B., daß Musik "... unseren Existenzzustand bevor wir von der Gottheit getrennt waren ..."[28] symbolisiere, entsprechend benutzen sie Tanz und Musik auf der Suche nach der Kommunikation mit dem göttlichen Geist.

Zur Erinnerung an diesen ersten Schöpfungstanz, der Herstellung des Gleichgewichts des Wollens im Tanz durch Ekstase, der zur Schaffung neuen Lebens geeignet ist, entstand zur Zeit des Frauenreichs in Griechenland ein Denkmal: der Nabelstein (z.B. Omphalos von Delos). Der Nabel erinnert als Relikt der Verbindung durch die Nabelschnur über den Bauchnabel mit der Mutter, an das ursprüngliche Gleichgewicht des Wollens jedes Menschen. Später jedoch, als sich der alte Glaube verdunkelte, traten in der Vorstellung an die Stelle des Nabelsteins alle möglichen Steine, Felsen, Berge, Gefäße und zuletzt eine Abstraktion: der 'Gral', um das durch das Weibliche und Männliche vermittelte Prinzip des ewig wiederkehrenden Lebens darzustellen. Denkbar ist sogar, daß die ägyptischen Pyramiden, als riesige Nabelsteine, als Denkmale für den weiblichen "Bauch", dem Ort der Wiedergeburt, ebenfalls an dies ursprüngliche Gleichgewicht erinnern.

Folgen wir den Derwischen, dann kommt der Musik entscheidende Bedeutung bei der Suche nach dem eigenen Geist zu:

Die Musik lockt und ergreift den Körper, wenn man sich auf ihren Rhythmus einlassen kann, und vereint ihn mit dem Göttlichen. Jeder

Körper hat jeweils seinen eigenen Rhythmus, seine eigene bestimmte Musik, bei der er sich selbst (sein historisches Rollen-Ich) vergessen kann und eintaucht in den Lebensstrom des Schöpfungsprozesses. Es tanzt ihn, die göttliche Kraft (seine Identität) ergreift ihn, in dem Moment 'fliegt' er, fühlt sich schwerelos, weil frei von Schmerz und wird voll von Freude und Energie.

Die Priesterinnen tanzten bei der Göttinnenreligion, als wesensgleiche Kräfte der Göttin, ihr zu Ehren, da sie Ausdruck ihrer Macht waren, damit der Geist der Göttin sie vollkommen erfüllte. Dies geschah in der Ekstase: Man gibt in dem Moment der Ekstase alle seine Ängste auf. Es ist einem egal, was um einen herum passiert. Man hat keine Angst mehr und man spielt keine Rolle mehr. Man ist da und man ist man selbst. Man hört die Musik und tanzt und vergißt, daß man tanzt. Man ist im Einklang mit sich selbst und dem Universum. Die Wahrnehmung schwebt etwa in Kopfhöhe und/oder ein wenig darüber. Man hat das Gefühl für sich selbst gefunden, das heißt, plötzlich weiß man, wer man ist und man ist die, die man schon immer war und/oder in sich erahnte (oder anders ausgedrückt: die man aus früheren Inkarnationen eigentlich schon kannte). Man ist in diesem Moment grenzenlos glücklich. Das macht einen leicht und man bekommt soviel Kraft und Energie, daß man unter Umständen noch Tage später 'wie auf Wolken geht'. Es ist dasselbe Gefühl, als ob man verliebt ist und die Zeit bleibt stehen. Man bekommt Schwung auf der Basis seines Selbst, seiner intensiv erfahrenen Identität.

Das Versenken in den Rhythmus, genauer: Das Schwingen des Körpers im eigenen Rhythmus und bei entsprechender Musik, im ausbalancierten Gleichgewicht mit dem Rhythmus der Musik, wie sich das beim Orientalischen Tanz ergeben kann, führt zu diesem Erlebnis der Erleuchtung (Ekstase) und einem damit einher gehenden Gefühl der Schwerelosigkeit (Leichtigkeit, Unbeschwertheit).

Die orientalische Musik ist nun gerade durch die überlieferten Rhythmen, verbunden mit variabler Melodielinienführung (Maqam) in einer arabesken Struktur, in ihrer Vielfalt in der Lage, für jeden Geist die entsprechende Frequenz bereitzustellen.

Für die Ekstase sind vor allem die arabeske Struktur der Melodie-linienführung und die Trance-induzierenden Reize der Bauch-tanzrhythmen von Bedeutung, weil die Trance-induzierenden Reize die Voraussetzung für den Durchgang in einen anderen Bewußtseinszustand schaffen, ohne aber eine komplette Trance herbeiführen zu können, da dies durch die arabeske Struktur verhindert wird.

In der Hingabe an die Musik selbstvergessen und daher befreit tanzen zu können, das sind die Momente, die jede Tänzerin des Orientalischen Tanzes sucht.

Beim Orientalischen Tanz ist das Verhältnis zwischen der Musik und der Tänzerin auch das einzige Spektakel, das den Zuschauer mitreißen kann. Die Musik ist beim Tanz der Geliebte und die gefühlsmäßige innere Beziehung zwischen Musik und Tänzerin ist entscheidend dafür, ob der Zuschauer verzaubert, hypnotisiert bzw. in den Bann gezogen wird. Es kommt nicht so sehr auf ausgefeilte Technik oder gar Akrobatik an. Eine Bauchtänzerin offenbart durch ihren Tanz hauptsächlich ihr Lebensgefühl, genauer: ihr jeweiliges Verhältnis zur Schöpfungskraft (Liebe und Sexualität) und der Tanz wird so entweder zur Demonstration von Lebenskraft oder andernfalls zum Zeugnis für deren Verlust.

Der Gipfel der Kunst im Orientalischen Tanz ist heute jedoch in der Regel nur wenigen vorbehalten, ähnlich den Spitzenleistungen in anderen Disziplinen. Denn der zwischenmenschliche Alltag setzt uns Grenzen, Stops, unterwirft uns Zwängen, die eine gedrückte Stimmung entstehen lassen, welche uns oft genug hindert, uns dem Rhythmus zu öffnen und jene innere Freude zu erfahren, die der Orientalische Tanz für uns bereit hält. Aber auch das Einüben fremder Choreographien verhindert zusätzlich die Selbstentfaltung im Tanz. Mit der für sie richtigen orientalischen Musik, die sie bei genügend Ausdauer irgendwann findet, hat jedoch jede Frau die Chance, durch Orientalischen Tanz ihren eigenen Geist zu entdecken und dadurch ihre Lebenskraft zu stärken.

Denn zu dieser Kunst, sich mit dem eigenen Geist zu vereinen, gehörte seit jeher der Frauentanz. Er gilt in den Ekstase-Kulten der Völker als Mittel zur Erhebung über den jeweiligen Alltag und damit als Mittel zur Aktivierung der Schaffenskraft oder Schöpfungskraft bzw. 'kreativen Energie des Körpers', um dann durch diese ureigenste Energie mit den Elementen der Umwelt in Verbindung zu treten.

Der unsterbliche Teil des Selbst ist in den Ekstasen zugänglich und kann durch das Versenken in den Rhythmus hervorgerufen werden. In der Ekstase erfolgt durch die Wahrnehmung des eigenen Geistes das "Wieder-Einsammeln" (Blavatsky) von früheren Existenzen. Ähnlich faszinierend wird auch die 'Rückführung in frühere Leben' (z.B. bei Griscom) erlebt, basierend darauf, daß die Menschen mit einem Schlag eine Identität erhalten, die über ihre tatsächliche Rolle im jetzigen Leben hinausgeht.

Zu jedem Körper gehört ein ihm eigener Geist, der jedoch durch die Zivilisierung bzw. durch den Zeitgeist jeweils mehr oder weniger verdrängt wird. Es entstehen Grade der Trennung von Körper und Geist, bis hin zum

22

Tod, der endgültigen Trennung. Der Orientalische Tanz wirkt dieser Trennung aktiv entgegen.

Wenn Körper und Geist vereinigt werden, ist die Chance gegeben, das Gleichgewicht des Wollens aktiv wieder herzustellen und damit Heilung einzuleiten. In Ägypten entstammt der Orientalische Tanz, als ursprünglich religiöser Tanz, dem altägyptischen Jenseitsglauben, wonach jeder Körper geradezu die Aufgabe hatte, sich zu vergeistigen bevor er heil werden bzw. auferstehen konnte, und jeder Geist die Aufgabe hatte, sich zu verkörpern bevor er wiedergeboren werden konnte. Dabei mußten die Gleichgewichtsverhältnisse im Schicksal eines Menschen berücksichtigt werden. Man ging davon aus, daß Kraft und Gegenkraft miteinander wirkten und vom Individuum immer wieder aktiv ausbalanciert werden mußten.

Das altägyptische Beispiel

Für uns hat der Kult der alten Ägypter, wegen der Vermischung von Diesseits und Jenseits im Weltbild, seine Faszination bis heute behalten. Die Überwindung des Todes und des Niedergangs - die Auferstehung (Heilung) - sind die innere Botschaft ihrer Religion als Verhaltensvorschrift vom richtigen Umgang mit Körper bzw. der Erdkraft (KA-Seele) und Geist bzw. der Himmelskraft (BA-Seele) für die Errettung der Seele (ACH), das ist: Auferstehung, Heilung, Regeneration.

Der Schöpfungsmythos der Ägypter stellt die Umwandlung von Geist in Körper durch die sexuelle Kraft als Geburtsvorgang dar: Aus der Ursuppe bildet sich zuerst ein Hügel und die Urkuh (die 'große Göttin', entweder Hathor oder Neith) taucht mit der Sonne (ihr Sohn - der Sonnengott Re) zwischen den Hörnern (dem Kind der Liebe zwischen den Beinen!) auf.[29]

Der Vaterschöpfer wird in unterschiedlicher Weise, aber auch wie im griechischen Mythos in Schlangensymbolik, dargestellt.

Wie Hornung berichtet, ist diese Schöpfung die erste Ordnung der Dinge, die richtige, harmonische Ordnung, das Paradies.[30] Dabei bleibt es jedoch nicht, denn der sich neu verkörpert habende Geist hat während seines Lebens ebenfalls die Aufgabe einer Umwandlung, diesmal der Umwandlung von Körper in Geist, bevor er als Geist sich dann wieder neu verkörpern kann: Der Sohn, der Sonnengott Re, hat die Aufgabe, diese erste Ordnung zu erneuern und zu erweitern, dabei wirkt er durch 'Erkenntnis' (Sia), "... schaffenden Ausspruch (Hu) und wirksamen Zauber

(Heka) ... ".[31] Diese Aufgabe erfüllt er nachts in der Unterwelt, und sein Schöpfungswerk wird die 'Maat', Tochter des Re, genannt.

Die Unterwelt wird als Teil der Urflut angesehen und in der Mitte vom jenseitigen Strom durchflossen. Der Sonnengott steigt jede Nacht hinab in diese Unterwelt, dabei wird er von einer schützenden Schlange umringelt. Die sich in den Schwanz beißende Uroborosschlange als Symbol der Unendlichkeit ist die Lebenskraft (sexuelle Kraft), die zwischen Diesseits und Jenseits verbindet.

Der jenseitige Fluß entspricht als Hauptverkehrsweg dem irdischen Nil. An seinen Ufern begleiten Götter und selige Verstorbene die Fahrt der Sonnenbarke, jubeln der Sonne zu und fassen am Zugseil ihrer Barke mit an.[32]

Die Tatsache, daß die Schöpfung, die richtige Ordnung der Dinge, erneuert werden muß, weist auf Vergänglichkeit und Bedrohung, auf Kraft und Gegenkraft, die in der Schöpfung wirken. "Diese Gefahr verkörpert sich in dem Chaosdrachen Apophis, der die Fahrbahn der Sonnenbarke trockenlegt, aber durch die Macht des Zaubers immer wieder überwunden wird ...".[33]

"Urgewässer und Urfinsternis waren schon vor der Schöpfung, aber sie sind keine fernen Horizonte, sondern zum Greifen nahe; das 'dunkle' Wasser der Nilüberschwemmung kommt ebenso von dort wie die nächtliche Dunkelheit, und der Schläfer taucht hinab in Tiefen, in denen er Göttern und Verstorbenen begegnet. Mitten in der ... vertrauten Welt erscheint das Unvertraute ... dauert der Schöpfungsprozeß an, wirkt das Unbegrenzte heilend und bedrohend."[34]

Man glaubte, daß man die Unterwelt zur Erneuerung und Wiederherstellung des geschaffenen, aber von allen Seiten bedrohten Schöpfungswerks ('Maat') benutzen konnte bzw., daß man das Paradies in der Unterwelt wiederherstellen konnte. Dabei mußte man im Einklang mit einer verborgenen übergreifenden Kraft (Amun) wirken, zu diesem Zweck rief man u.a. die Götter (Ahnen) an. Kraft und Gegenkraft bedenkend, mußte man im Einklang mit jener Kraft handeln, die in ausgleichender Richtung wirkte. Ferner war diese Kraft mit dem 'Herzen' (dem Körper) reflektierbar, denn 'Heka' (Zauber) wird mit dem 'Herzen' in Verbindung gebracht, dem "... Sitz aller Willens- und Geisteskräfte ...":[35] Man verbindet sich über ein Gefühl mit der übergreifenden Kraft in der Welt, um sich durchzusetzen, dabei folgt man seinem 'Herzen' (d.i. Gefühlswelt bzw. Unterbewußtsein), dazu muß man es selbstverständlich erst einmal kennen; dann entscheidet man sich entsprechend seinem Wohlgefühl, das heißt, man geht den Weg, der einen entspannt. Das geht nur, wenn man

24

im Einklang mit der in der Natur der Dinge selber wirkenden Gesetzmäßigkeit handelt und deshalb die übergeordnete verborgene Kraft (Amun) berücksichtigt. Ein Ägypter jener Zeit ist verpflichtet, auf diese Weise sein Leben zu gestalten; das heißt, er ist verpflichtet, die 'Maat' zu verwirklichen. 'Maat' und 'Herz' werden am Ende (beim Totengericht) gegeneinander abgewogen, miteinander gleichgesetzt.[36]

Die alten Ägypter waren sich bewußt, daß sie beide Bereiche (Himmel und Erde; Kraft und Gegenkraft) in sich trugen. Ihr Geist (BA oder BA-Seele) gehörte zur Himmelsmacht und in ihrem Körper wirkte die Erdkraft (KA oder KA-Seele). Entsprechend trennten sich im Tod 'BA' und 'KA'. 'BA' ging zur Sonne, wo es ursprünglich herkam und 'KA' kehrte zur Erde zurück. Aber hier, vereinigt mit ihrem Ursprung, regenerierten sich die Kräfte. "Die unbegrenzte Fähigkeit zur Wandlung und Regeneration ist der Felsen, auf den der ägyptische Jenseitsglaube gebaut ist...".[37] Als Basis dieses Glaubens diente der Sonnenlauf: "Der Sonnenlauf führt dem Ägypter sichtbar vor Augen, daß eine Regeneration des Lichtes in der Finsternis und damit auch eine Regeneration des Lebens durch den Tod möglich sind."[38] "»Wer auf die Sonne schaut, dem erschließt sich das Wesen der Finsternis«, heißt es in Spruch 115 des Totenbuches ...".[39] "Wenn das Tor des Horizonts sich öffnet, fällt der Blick in die Tiefe der Welt. Dort brennt das Feuer, das vernichtet und zugleich erneuert, das die Sonne zu neuer Leuchtkraft entzündet. Die regenerierenden Kräfte dieser Tiefe sind unverzichtbar. Wer sich ihnen anvertraut, findet helfende Arme; er kann nicht zugrunde gehen, denn die Finsternis trägt ihn."[40] In der Sonnensymbolik zieht der Sonnengott (Re) jede Nacht durch die Unterwelt, erleuchtet die Toten mit seinem Licht, regeneriert sich dort selbst und erscheint immer wieder verjüngt zu einem neuen Tageslauf.

Das Verhältnis von Körper und Geist, wie es die Pharaonen sahen, in eine moderne Begriffswelt übersetzt, bedeutet: Der Trieb (die Sexualität), als das Feuer in der Tiefe des Leibes, ist es, welcher das Herz vernichten kann oder es erneuern kann, je nachdem, ob der Trieb in Bewußtsein transformiert und mit dem Geist harmonisiert werden kann. Die Wärme des Herzens (die Liebe) kommt von dem Licht (dem Geist), das es erleuchtet ebenso wie die Erneuerung des ganzen Körpers durch dieses Licht bewirkt wird.[41]

Das Herz symbolisiert in der altägyptischen Mystik, wie oben gesagt, die Existenz des Menschen auf Erden schlechthin. Mit dem Herzen sind Gefühle "... der Eifersucht, des Mitleids, der Sorge, des Selbstmitleids und der Erfüllung der eigenen Wünsche ..."[42] verbunden. Bei dieser Erfüllung hilft die KA-Seele. Die KA-Seele (Schatten, Doppelgänger) war in diesem

Glauben das Unterbewußtsein bzw. der Gefühlskörper zusätzlich mit einem Anteil an der Erdkraft des Planeten, mit der Macht ausgestattet, Dinge zu manifestieren. Die BA-Seele war das Wesen bzw. das geistige Prinzip zusätzlich mit einem Anteil an der göttlichen Kraft bzw. an der Kraft, die ausgleicht, mit der Macht ausgestattet, Leben zu spenden. Dabei war die KA-Seele der gehorsame Diener des Schläfers (bzw. Toten), der im Schlaf (bzw. Tode) für ihn tätig wurde und versuchte, seinen Anweisungen folgend, die Dinge für ihn zu regeln.? Merkwürdigerweise findet sich im eurasischen Volksglauben ebenfalls die Annahme, daß "... die Kraft der heimatlichen Erde - eine Kraft, die sich sogar 'ihren' Menschen ... in der Gestalt eines wunderschönen Mädchens ... oder einer glückbringenden Schlange sichtbar machen kann ..."[43], vor allem Übel schützt.

Vom Dasein in der Unterwelt bzw. im Jenseits erhoffte man sich: "Eintritt in die Welt der Götter, Schauen und Wissen."[44] Die helfenden Arme und unsichtbaren Kräfte, die den Schläfer bzw. Toten vor dem Absturz in die Tiefe schützen, sind die Arme der Götter, aber jeder Ägypter wurde mit dem Tode selbst ein Gott und das Totengericht, das auf Anklage hin einberufen wurde, verschaffte ihm Gerechtigkeit (Ausgleich der Kräfte), indem es sein 'Herz' mit der 'Maat' abwog. Hatte er sein Leben verbracht, indem er seinem Herzen folgte und dabei bemüht war, im Gleichgewicht mit seiner Umwelt zu handeln, wobei er darauf achten mußte, das Prinzip des Ausgleichs widerstrebender Kräfte anerkennend, immer in Einklang zu sein mit der Kraft, die ausglich (Amun), was er nur körperlich (durch sein 'Herz' bzw. seine Gefühlswelt) reflektieren konnte, so waren 'Maat' und 'Herz' am Ende auf der Waage im Gleichgewicht und Auferstehung (Verjüngung/Heilung) folgte. Das heißt dadurch, daß ihm Wahrheit (Erinnerung) zuteil wurde und Gerechtigkeit widerfuhr, verjüngte er sich bis zur Wiedergeburt:

"... die Sonne muß auf ihrer Nachtfahrt von Westen nach Osten zurückwandern, und sie verjüngt sich dabei vom "Greis" zum "Kind". In ihrem Licht werden Dinge und Wesen der finsteren Unterwelt sichtbar...".[45]

Zugang zu diesem Licht der Regeneration, dieser über dem Alltag stehenden Dimension, verschafften dem Ägypter, abgesehen von Schlaf und Traum (und wie er glaubte: Tod), auch Musik und Tanz, bewirkt durch die Transformation der Erdenschwere im Tanz, das heißt, der Umwandlung des Alltags mit seinen Sorgen durch Erheben über ihn wie mit Adlerschwingen. Zunächst tanzten alle,[46] später war es die Funktion einer guten Tänzerin, den Alltag überschreiten zu helfen. Die "... Entwicklung zum Schau- und Unterhaltungstanz, setzte im alten Ägypten erst im Neuen Reich (circa 1150 bis 1070 vor Christus) ein."[47]Man versuchte sich während des Wachseins mit Musik und Tanz in einen traumversunkenen Bewußtseinszustand zu versetzen, um Dinge zu erfahren und in seinem Körper zu sehen, die einem bei der Bewältigung des Alltags weiterhelfen konnten. Dabei waren Musik und Tanz so beschaffen, daß sie als Hilfsmittel dienen konnten, um die Unruhe und Spannung des Tages überwinden zu helfen. Eine Art 'Durchgang' in einen anderen Bewußtseinszustand mußte passiert werden. Es ging nicht um Zeitvertreib durch kurzweilige Unterhaltung! Es ging vielmehr um Transformation.

Eine gute Bauchtänzerin lädt folglich durch ihre Tanzkunst zum Träumen ein. Sie schafft so den nötigen Abstand zum Verwandeln der alltäglichen Welt, nicht mehr und nicht weniger. (Also weder kalte, technisch perfekte Performance-Kür, noch ´nuttenhaftes´ Animieren, auch keine Bewunderung heischende Selbstinszenierung!) Zu diesem Zweck mußte sich eine Tänzerin natürlich selbst in diese über dem Alltag stehende Dimension begeben können, und das konnte sie nur, wenn entweder alles zusammenpaßte: ihre Stimmung, die der Musik sowie die der Umgebung; oder wenn sie 'über den Dingen stand', z.B. dadurch, daß sie voll von 'Zauber' war.

In der Regel befindet sich eine Frau nach altägyptischem Glauben in einem solchen Zustand, wenn sie im Begriff ist, die 'Maat' zu verwirklichen, also ihre sinnlichen mit ihren spirituellen Kräften zu verbinden. Dieser Zustand ist eine gefühlsmäßige Tatsache und keine Einbildung: Es ist die Tatsache eines Gleichgewichts bzw. der Fähigkeit, sich mit Hilfe der Tanzbewegungen selbst in Einklang mit der Richtung der ausgleichenden Kraft zu bringen und sich dieser zu überlassen - das heißt, der Fähigkeit zu entspannen. Insofern demonstrierte eine gute Bauchtänzerin durch ihren Tanz emotionale Unabhängigkeit bzw. sexuelle Potenz oder anders ausgedrückt: Herrschaft über ihr KA bzw. das Unterbewußtsein.

Die Tänzerin, ihr KA und ihr BA

Die Abbildung zeigt eine frei erfundene Darstellung von KA und BA der Tänzerin. In altägyptischer Darstellung sind KA und BA zumeist als Vögel abgebildet. Ersichtlich werden soll jedoch, daß ihr KA der Tänzerin als gehorsame Dienerin nachfolgt und ihr BA sie führt und leitet. Zum Zwecke des Zauberns muß sie in Verbindung mit beiden sein. Diese Verbindung gelingt ihr aber nach altägyptischem Glauben nur, wenn sie die 'Maat' verwirklicht.

"... von seinem Ursprung her meint der ägyptische Zauberbegriff eine wertfreie Kraft, die dem Menschen gegeben ist, ..."[48] um böse Ereignisse abzuwehren. 'Heka' (Zauber) ist eine unabhängige Energie. Sie ist Wesensbestandteil auch jenseitiger Wesen und wird speziell mit dem 'BA' (synonym für Geist, bewußtem Willen, dem bewußten Ziel etc.) verbunden.[49]

Für den Ägypter ist aber die Welt ausgefüllt von Zauberkräften, denen sich der Mensch nicht entziehen kann und denen er sich stellen muß.[50] Entscheidend ist dabei die Wirkung im Feinstofflichen. So erfüllt Zauber im Ruhezustand (in der Entspannung!) den Leib, in der Transformation jedoch, ist Zauber eine wirkende Kraft, "... die der Ägypter im Bilde von Licht und Feuer sieht."[51]

Die Gegenkraft, der Gegenzauber (im Mythos: das Krokodil oder der Chaosdrache) bewirkt ein Gefühl der Ohnmacht, der Besinnungslosigkeit (Trance), des Ausgeliefertseins. Aber 'wirksamer Zauberspruch' macht umgekehrt den Gegner 'besinnungslos', 'orientierungslos', lähmt seinen Willen (seine bewußte Absicht), raubt ihm Ziel und Richtung, nimmt ihm das Bewußtsein. Denn: Ein Spruch wird dem Feind entgegen geschleudert und wirkt als Kraftfeld; das heißt, das rechte Wort zur richtigen Zeit in richtiger Form ("... die Kenntnis der Machtworte ..."[52]), das Bewußtsein des gesamten Zusammenhangs der Situation einschließlich des eigenen Wollens bzw. Sehnens sowie die "... Tatsache, daß die Angelegenheit gerecht ist ..."[53], sind ausschlaggebend für die Durchsetzungskraft. Man war gehalten, im Spiel der Kräfte, im Wirkungszusammenhang der Welt, Gerechtigkeit mittels seines Bewußtseins selbst herzustellen, und damit gleichzeitig immer wieder aktiv den Gleichgewichtszustand im Kräftefeld der Schöpfung neu zu verwirklichen.

Gefragt sind hier also Grade von Bewußtsein bzw. Gefühlszustände von Wachsein und Unbeschwertheit (Leichtigkeit).

Ein wirksames altägyptisches Zauberwort war z.B. 'Amun' (übersetzt: der Verborgene)[54] und meinte die Kenntnis der Richtung, in der die Kraft des Ausgleichs in der Schöpfung (der verborgene Schöpfer) wirkt. Anders ausgedrückt: Gerechtigkeit und Gleichgewicht sind dasselbe, dienen der 'Maat'. Und dieses Gleichgewicht galt es immer und überall zu verwirklichen. Es ist das Gleichgewicht des Körpers der Tänzerin ebenso wie das Gleichgewicht in sozialen Beziehungen.

Hornung schreibt, daß die 'Maat' dasjenige ist, "... was der ausgewogenen Ordnung der Schöpfungswelt zugrunde liegt, die Basis, auf die sich jedes kosmische und soziale Leben gründet. Schon damit erweist sich die zeitlose Aktualität dieses Begriffes."[55] Und für Millard ist 'Maat' die Göttin der Wahrheit, die für die Harmonie des Weltalls sorgte.[56]

Die ‚Maat' weilt zusammen mit den Schöpferkräften Hu (Ausspruch) und Sia (Erkennen) beim Schöpfergott.[57]

Sonne, ‚Maat', KA und BA stehen demnach in Verbindung. ‚Maat' ist bei der Nachtfahrt in die Unterwelt ebenso wie bei der Entrücktheit im Tanz erreichbar. Anders ausgedrückt: Wenn wir schlafen, meditieren oder tanzen können wir das Sonnenlicht zusammen mit ‚Maat' aufsuchen und uns den Weg weisen lassen.

Wenn auch nirgendwo eine Definition des Maat-Begriffs überliefert ist, nimmt Hornung ebenfalls an, daß ‚Maat' etwas mit dem richtigen Verhalten eines Menschen zutun hat und vorgelebt werden kann, indem man ‚Maat' verwirklicht.[58]

‚Maat' scheint eine Art Naturgesetz zu bezeichnen, denn der Maat-Begriff läßt sich „... als tragende Grundlage für jegliches Ordnungsgefüge in Natur- und Menschenwelt verwenden ..."[59] Der Begriff „... tritt uns seit Anbeginn in universaler Ausformung entgegen, Sozial- und Naturordnung in gleicher

Weise umgreifend, jegliches Werk des Schöpfergottes und des Menschen."[60]

Wir fassen ‚Maat' als Gleichgewichtsgesetz auf, das im Naturkreislauf wirkt. Für den Menschen gilt dies Gesetz im Sinne eines Ausgleichsgesetzes in seinen sozialen Beziehungen. ‚Maat' ist das, was in jedem Bereich Harmonie, Wohlklang und richtiges Maß bewirkt.

Keinesfalls darf hier 'Ordnung' im Sinne wirtschaftlich-technischer Rationalität mißverstanden werden als Tugend des Arbeitslebens im Computerzeitalter: Programme, Regeln, Reglementierungen, Kontrollen und Konventionen beinhaltend; sondern mit der 'Maat' ist eine Ordnung gemeint, die man nicht erdenken und dann einer Situation überstülpen kann. Vielmehr gilt es, sich im Chaos der Gefühle das natürliche Gleichgewicht als natürliche Ordnung zu erfühlen und bewußt zu machen. Dazu verhilft die Fähigkeit, Gefühle mittels Meditation in Bilder umzuwandeln (spirituelles Erkennen) oder wenn man dies nicht vermag, mittels Tanz das innerkörperliche Gleichgewicht wiederherzustellen (Entspannung). Denn Wahrheit, deren Symbol die Sonne ist, Gleichgewicht (Ausgleich, also Gerechtigkeit!), Leben und Entspannung sind eins - dienen der Göttin 'Maat'.

Wenn die Tänzerinnen im Tanz das Gleichgewicht ihres Körpers verwirklichten, indem sie es mit überlieferten und eigenen zugefügten Bewegungen, Rhythmus und Melodie suchten und fanden, dienten sie dem Schöpfungswerk ebenso wie der ethischen Anforderung, "... die im Akt des 'Darbringens der Maat' ..."[61] kultische Bedeutung hatte:

"... Ptahhotep weiß in seiner Lebenslehre 'Ist das Ende da, dann bleibt die Maat' (5. Maxime), er geht davon aus, daß sie die unerschütterliche Basis eines jenseitigen Daseins bildet. 'Es dauert der Mann, welcher der Maat entspricht' (19. Maxime) ...".[62] "Es liegt also kein Segen auf dem, was nicht zur Maat gehört ...".[63] "Denn es bewirkt spätestens im Jenseits negative Vergeltung, und für den Ägypter sind Diesseits und Jenseits ja ein Kontinuum ohne strikte Grenze ...".[64]

Das Ringen um das richtige Gleichgewicht zwischen den Kräften ist demnach im alten Ägypten immer gegeben. Die ethische Anforderung war also nicht: 'Macht euch die Erde untertan!' sondern 'Verwirklicht das Paradies auf Erden!', indem ein jeder für sich das Naturgesetz des Lebens aktiv verwirklichte.

Zu diesem Zweck ist aber die Umwandlung der Gefühlswelt in Bewußtsein und Entspannung unabdingbar.

Da infolge der Illusion der Mensch in eine Gesellschaft eingeht, in welcher der 'verstauchte Trieb' sich unbewußt Bahn bricht und der Kontrolle des Individuums entzogen ist, daher mißbraucht werden kann im fremden Interesse, gilt es, die Bedeutung der eigenen Gefühlswelt zu erkennen, damit sie dem Geist, dem Göttlichen im Menschen dienen kann.

Wenn Sinnlichkeit und Spiritualität verbunden sind, dann dient der eigene Körper der Vervollkommnung unseres Menschseins, der wahren Menschlichkeit.

Gegenseitigkeit im Gegensatz

Die alten Ägypter gingen von gegensätzlichen Kräften aus, die harmonisiert werden mußten. Aber auch die Yin/Yang-Polarität als Grundsatz chinesischer Weisheit über das Gleichgewichtsgesetz im Naturkreislauf besagt nichts weiter als, daß es Kräfte und Gegenkräfte sind, vereinfacht: Kraft und Widerstand ist, die miteinander agieren. Wenn man so will, agieren die Kraft der Materie und die des Lichts (Schwingung, Energie) miteinander oder die des Männlichen und die des Weiblichen usw. Diese Kräfte befinden sich in unendlichen Variationen verschiedener Aggregatzustände oder Durchmischungen im Miteinander der Natur. Auf das Menschliche übertragen spricht man vielleicht besser vom Miteinander des Schicksals, des 'Karma der Zeiten'. Man kann sich in bezug auf die Polarität dieser Kräfte beliebig viele Gegensatzpaare vorstellen und bilden, dies sind jedoch nur Produkte der Phantasie, denn die Pole sind letzten Endes eins: 'I Ging' oder 'Amun', eben eins mit einer Kraft, die ausgleicht. Diese übergreifende Kraft ist, wenn man so will: ´Gott´ oder die ´Natur´.

Die persönliche Geschichte eines Menschen enthält die Chance, sich des speziellen persönlichen Schicksals bewußt zu werden und es zu gebrauchen, und das heißt, es mittels seines Verstandes im Sinne des in seinem Schicksal wirkenden Gleichgewichts weiter zu gestalten, da das Gleichgewichtsgesetz im Naturkreislauf ebenfalls der menschlichen Natur und somit den schicksalhaften Verbindungen und Verstrickungen des Menschen zugrunde liegt. Zu diesem Zweck gilt es, sich der wesensgleichen Kräfte bewußt zu werden; die Kräfte zu erkennen, die im eigenen Sinne wirken und die, die das nicht tun. Anders ausgedrückt: Es gilt die Absichten, sowohl die eigenen als auch diejenigen der Umwelt, die einen selbst betreffen, wahrzunehmen.

Des Menschen Strom (Energie) ist Sexualität bzw. Lebenskraft und ist mit Gefühl und Absicht verbunden, verkürzt formuliert: mit Körper und Geist.

31

Die beiden Pole des menschlichen Körpers, auch bekannt unter den Namen Yin und Yang, reflektieren die Erdkraft (KA-Seele), die Welt des Gefühls (die lunare, die dunkle Seite des Körpers) und die Himmelskraft (BA-Seele), die Welt des Geistes, Bewußtseins (die solare, die helle Seite des Körpers). Dabei durchmischen sich die beiden Kräfte ebenso wie alle anderen gegensätzlichen Kräfte der Natur. Anders ausgedrückt, Gefühl und Absicht sind für den Menschen die Schnittstellen zwischen Diesseits und Jenseits: Geist transformiert Materie, der Wille formt den Körper; umgekehrt wirkt die Materie auf den Geist und der Körper formt den Willen. Bei dieser Transformation, des aufeinander Einwirkens der Pole, der Umwandlung der Sexualität in Schöpfungskraft - der persönlichen Entwicklung des Menschen, gilt es Widerstände, Trennungen, Durchgänge, Einseitigkeit, Ungleichgewichte zu überwinden. Diese Überwindung kann man mittels Meditationen bewußt erreichen. Denn Bewußtseinszustände sind gleichzeitig Gefühls- und damit Schwingungszustände.

Im Mittelpunkt steht die 'Schwingung' (Gurdjieff). Unterschiedlicher Aufmerksamkeit bzw. unterschiedlichem Bewußtsein entsprechen verschiedene, unterschiedliche Schwingungszustände (Frequenzen) des Körpers. Die Körperschwingung ist sozusagen das 'kleinste gemeinsame Vielfache' von Körper und Geist. Mittels Körpererfahrungen (z.B. Tanz, Musik und Meditation) kann auf die Schwingungszustände des Körpers, also auch auf die Wahrnehmung des Menschen, Einfluß genommen werden. Die Frequenzen können verändert werden.
Gleichgewicht als Zustand ist dabei definiert als ein Ruhezustand, eine Entspannung, ein ausgeglichenes Gefühl, ein Zustand, der zwischen Wachsein und Schlaf liegt, ein "Energiezustand" (Geba). Entsprechend dürfen wir den Gefühlen und Stimmungen wie Freude, Trauer, Gelassenheit, Mut, Angst, Schmerz, usw. verschiedene Schwingungszustände des Körpers zuordnen. Man nimmt an, daß positive Gefühle und Stimmungen schneller schwingen als negative, da wir uns entweder mehr dem Bereich der Himmelskraft oder mehr dem der Erdkraft, Materie nähern.
Es heißt nun auch vom Gefühls- bzw. dem Schwingungszustand der Liebe, Liebe sei Hingabe und Schamanen wissen: Hingabe überwindet den Tod, den Widerstand, die Trennung, die Einseitigkeit und führt zu neuem Leben, neuem Schwung, neuer Energie, neuem Gleichgewicht.
Also 'Hingabe' im Sinne von 'Widerstand aufgeben', kann ebenfalls das Gleichgewicht wiederherstellen: Das Ungleichgewicht bzw. der Schmerz, die Spannung, das Leiden, sind 'das Böse'.

Als Beispiel für eine derartige Hingabe dient uns Cayce zufolge Christus, der es schaffte, der Welt zu vergeben und dadurch auferstehen konnte: "... Verzeihung und Karma scheinen manchmal Gegensätze zu sein, aber wisse, daß die Extreme sich nur in Ihm, Christus treffen."[65]

Das Ziel aller Religionen besteht letztlich in der Befreiung von negativen Emotionen (Schmerzen bzw. Leiden),[66] angefangen bei den Ekstase-Kulten über den Buddhismus bis hin zu Jesus und Mohammed, nur die Wege dahin sind jeweils verschieden. So kann 'Gleichgewicht finden' auch heißen: 'niemandem etwas schuldig bleiben', weil man erst dann seine Schwierigkeiten, den Widerstand in seinem Leben überwindet, andernfalls kommt man nicht weiter, entwickelt sich nicht weiter, weil man die in der eigenen Natur karmisch wirkende Ausgleichskraft gegen sich hat.

In jedem Fall gilt es, an sich selbst zu arbeiten, bis man das ruhige Gleichgewicht aller seelischen, körperlichen und geistigen Kräfte wiedererlangt hat. Denn wenn man das körperliche Gleichgewicht als Schwingungszustand wiedererlangt hat, wenn man entspannen kann (in unserem Fall mit Musik, Bauchtanz, Meditation, bewußtem Atmen), ist man mittels der Schwingung im Einklang mit der natürlichen Kraft, die ausgleicht.

Kriterium des wiedererlangten Gleichgewichtszustandes ist die Entspannung, die Freiheit von Schmerz und Druck. Umgekehrt sind negative Emotionen wie innere Unruhe, Spannung, Streß, Angst, Sehnsucht, Schmerzen, etc. Zeichen für persönliche Ungleichgewichte und machen eine Änderung der Körperhaltung, der Einstellung und/oder der Vorstellung notwendig.

Wir arbeiten gleichzeitig auf allen Ebenen an unserem Gleichgewicht:
- auf der *spirituellen Ebene* mit Meditation, Klang und Duftstoffen;
- auf der *mentalen Ebene* durch die Änderung unseres Weltbildes: Indem wir Körper und Geist als durch den Zeitgeist gestörte Einheit auffassen, uns entsprechend auf die Suche nach unserem 'spirituellen Ideal' begeben, und indem wir davon ausgehen, daß Menschen durch ihre Gefühlsausstrahlungen und Absichten miteinander verbunden sind. Außerdem, indem wir davon ausgehen, daß es entsprechend der Wirkungsweise im Naturkreislauf eine Kraft gibt, die ausgleicht;
- auf der *emotionalen Ebene* durch bewußte Atmung und Entspannungsübungen, das heißt, indem wir ein Schmerz- bzw. Gefühlsbewußtsein entwickeln, also lokalisieren, wo sich der Schmerz befindet, ihn annehmen und in diesen Schmerz hinein ausatmen;
- auf der *physischen Ebene* durch die Bewegungen des Bauchtanzes und die Frequenzen des Bauchtanz-Rhythmus, wobei es zum Zwecke der

Meditation und dadurch Transformation um das Versenken in Rhythmus und Gefühl geht.

Meditation

Da die sexuellen Zentren mit denen identisch sind, durch welche die spirituelle Kraft sich entfaltet, wenn wir in der Meditation die Einstimmung mit unserem Gott/ unserer Göttin bzw. mit dem uns beseelenden Geist suchen, "... ist es notwendig, sich auf das Emporsteigen der Energien vorzubereiten, die in der Meditation ... geweckt werden."[67] Dazu ist die erste Voraussetzung, jegliche Extreme im Leben zu vermeiden, welche die Sexualität betreffen. Das heißt, unterdrückte Sexualität bzw. über Jahre hinweg gar keine sexuelle Aktivität ist genauso ungesund wie ein Übermaß an sexueller Betätigung. Bei unterdrückter Sexualität oder, wenn die sexuellen Zentren nicht aktiviert sind, "... zerfallen sie in sich und verursachen dadurch ein Auseinanderfallen des Impulses und des zentralen Nervensystems."[68] Bei einem Übermaß sexueller Aktivität, z.B. mit wechselnden Partnern, kann es dazu führen, daß das 'ewige Recht der Seele auf Liebe' zu kurz kommt, und man unweigerlich in Einsamkeit und Angst absinkt. Man beende also ein Übermaß bzw. versuche im anderen Fall zuerst die Aufnahme einer sexuellen Aktivität. um die sexuellen Organe zu erwecken, bevor man mit der Meditation beginnt.

Das heißt, wenn wir die sexuellen Zentren in der Meditation für den Geist öffnen wollen, müssen wir unsere Energien richtig lenken können. "Man sollte wissen wohin man gehen will, bevor man den ersten Schritt tut."[69] Zunächst analysiere man sich selbst, indem man versucht, sich über seine eigenen Motive im Leben klar zu werden. Dazu kann es nötig sein, z.B. mittels 'Focusing' oder anderen hierfür geeigneten Mitteln den eigenen Daseinszustand zu erforschen und/oder die eigenen Träume zu beobachten, indem man diese regelmäßig niederschreibt (z.B. nach der Acht-Schritt-Methode von Parker), um allmählich einen Einblick in die eigene Motivations- und Bedürfnisstruktur zu bekommen, und entsprechend die eigenen Ziele setzen zu können. "Wenn wir beginnen, uns selbst zu untersuchen, werden wir erkennen, daß wir viele Entscheidungen treffen müssen, und zwar vor allem in Bezug auf sexuelle Probleme. Wir müssen die Probleme systematisch definieren, über Alternativen nachdenken und die Richtung wählen, die wir einschlagen wollen, um diese Probleme zu lösen. Dann müssen wir entscheiden. Und wenn die Entscheidung einmal gefallen ist, können wir den nächsten Schritt gehen."[70]

Irgendwann einmal im Leben, sollte jedoch jede Seele zu meditieren lernen, um in eine Einheit mit ihrem Gott / ihrer Göttin zu treten, sich dieser Einheit überhaupt bewußt zu werden.[71] Im Handel gibt es inzwischen eine genügende Anzahl von Meditations-Anleitungen, um sich darin zu üben, die Welt loszulassen und nach innen zu schauen.

Die folgende geführte 'Selbstliebe-Meditation' nach Hodosi, die wir uns langsam auf eine Kassette sprechen können, hilft, wenn sie regelmäßig ausgeführt wird, die uns bei der Suche nach unserem 'spirituellen Ideal' oft genug behindernden Ängste loszuwerden. Mit einigen Takten langsamer Musik am Anfang und Ende und genügend Pausen zum 'Fühlen' zwischen den Sätzen gesprochen, dauert sie etwa 30 Minuten:

Lege dich in Rückenlage und bequemer Kleidung auf den Boden auf eine Decke und sammele dich eine kleine Weile auf dich selbst: Wie ist deine Verfassung? Wie fühlst du dich?
Suche eine Antwort auf diese Frage, ohne sie zu bewerten - ohne Hochgefühl, wenn es dir gut geht, ohne Bedauern, wenn es dir schlecht geht. Schaue dich einfach innerlich an, und fühle was da ist!
-
Nun stelle dich auf deine Nase ein. Spüre wie der Atem in deine Nase ein- und ausströmt. Übe das eine kleine Weile...
-
Jetzt nehmen wir Kontakt zu unserem Organismus auf, indem wir im Ein- und Ausatmen die Bewegung unserer Haut spüren. Wir atmen ein und die Haut spannt sich über den ganzen Körper, wir atmen aus und die Haut entspannt sich wieder. Üben wir das eine kleine Weile...
-
Konzentrieren wir uns nun auf unseren Ausatem und betrachten wir das Innere unseres Körpers als lichtdurchflutete Höhle. Die Höhle erstreckt sich vom Scheitel bis zu den Zehen. Tauchen wir in diese Höhle ein und verwandeln uns in einen heilbringenden Energiestrom...
-
In unserer Vorstellung breiten wir uns nun im Becken aus: Wir legen unsere Hände auf die Leisten. Wir schenken allen dort liegenden Organen mit jedem Ausatmen Zuwendung und heilende Energie. Üben wir das eine kleine Weile.

Wir lenken also unseren Ausatem in den Darm, in die Blase, in die Gebärmutter und schenken ihnen Zuwendung und heilende Energie. Dabei nehmen wir die Mundwinkel ein wenig zu einem inneren Lächeln hoch. Stellen wir uns vor, wie das Becken warm durchströmt wird und mit uns Kontakt aufnimmt. Es sendet uns nun, als Dank für die liebevolle Zuwendung, ein Aufstrahlen von Licht zurück...

-

Wir atmen nun weiter ruhig und sanft durch die Nase ein und lassen uns im Ausatem im Bauch und Solarplexus los. Wir legen die Hände auf den Bauch und Solarplexus. Nehmen wir mit diesen Stellen Kontakt auf. Hier in unserer Lebensbatterie wird wie in einem Kraftwerk Energie produziert. Atmen wir weiter und schenken unserem inneren Kraftwerk Zuwendung. Beim Ausatmen spüren wir die Energieaufnahme durch unserer Hände...

-

Wir legen die rechte Hand auf die Leber und die linke auf die Milz. Nehmen wir nun im Ausatmen Kontakt zu beiden Organen auf. Wir atmen ein und im Ausatmen denken wir an unsere Leber und an unsere Milz, die von unseren Händen bedeckt sind. Und wir schenken beiden Organen ein inneres Lächeln, indem wir die Mundwinkel ein wenig anheben. Alles ist hell in unserem Oberbauch und - wie eine Sonne - lassen wir es von innen zurückstrahlen. Und wir atmen ein und aus.

-

Nun legen wir die linke Hand auf die Bauchspeicheldrüse unter das Brustbein und die rechte auf den Magen. Und wir wenden uns nach innen in unsere innere Höhle, die lichtdurchflutet ist, und gehen in unseren Gedanken und in unserer Vorstellung wie ein Strom von hellem Licht nach innen zur Bauchspeicheldrüse und zum Magen. Und wir atmen ein und atmen aus. Und wir schenken beiden Organen ein inneres Lächeln der Dankbarkeit. Wir wenden uns beiden Organen liebevoll zu. Und wie eine innere Sonne strahlen unsere beiden Organe zu uns zurück.

-

Wir spüren unseren Brustkorb sich in der tiefen Atmung heben und senken. Wir lassen unseren Ausatem zum Herzen fließen und wir spüren wie sich das Herz mit Wärme füllt. Wir atmen weiter ein- und aus und das Herz öffnet sich und wendet sich uns zu. Und nun lauschen wir seiner Botschaft...

-

Allmählich fällt mit dem Ein- und Ausatem jede Belastung von uns ab und wir fühlen uns wieder frei. Und der Atem strömt weiter in unseren

Brustkorb durch das Ein- und Ausatmen. Und unser Inneres ist eine lichtdurchflutete Höhle. Und unser Herz strahlt wie eine Sonne zu uns zurück, und wir schenken unserem Herzen ein liebevolles Lächeln der Dankbarkeit, weil es Tag und Nacht für uns schlägt, indem wir unsere Mundwinkel anheben und tatsächlich lächeln, und unser Herz strahlt wie eine Sonne zurück...

-

Und wir atmen weiter ein und aus...
Konzentrieren wir uns nun auf beide Schulterblätter. Spüren wir beim Ausatmen, wie beide Schulterblätter am Boden ruhen und lassen wir im Ausatmen beide Schulterblätter los. Gehen wir nun als heilender Energiestrom zu unseren Lungenflügeln. Spüren wir, wie sich unsere Lungenflügel in der Einatmung mit Kraft und Energie füllen und in der Ausatmung diese Energie im ganzen Körper verteilen. Üben wir das eine kleine Weile.
Schenken wir unserer Lunge ein inneres Lächeln der Dankbarkeit und lassen wir unsere Lunge zu uns zurück leuchten...

-

Atem strömt weiter durch unsere Nase ein und wir lenken unseren Ausatem nun zu unseren beiden Nieren. Unsere Nieren sind mit der Urangst verbunden. Wir nehmen Kontakt mit unseren Nieren auf.

-

Wir knien uns nun hin, setzen uns auf die Fersen, legen unsere Hände auf beide Nieren im Rücken und massieren sie ein wenig. In der oberen Hüftgegend liegt dieses Organ. Spüren wir beim Massieren wie die Nieren sich erwärmen und lassen wir alle Ängste los...

-

Erinnern wir uns, unser Körper ist eine lichtdurchflutete Höhle. Und wir gehen mit unserem Ausatem in unserer Vorstellung hinunter zu unseren Nieren und wir schenken unseren Nieren ein inneres Lächeln, indem wir die Mundwinkel ein wenig anheben, und unsere Nieren strahlen wie eine innere Sonne dankbar zu uns zurück. Und wir atmen aus und ein - und ein und aus. Und im Ausatmen lassen wir unsere Ängste los. Wir nehmen unsere Ängste an und lassen sie dann los. Und unsere Nieren strahlen dankbar wie eine innere Sonne zurück und füllen sich mit neuer Lebenskraft...

-

Atem fließt weiter durch unsere Nase ein...
Wir legen uns jetzt wieder auf unseren Rücken und atmen im Ausatem in unseren Kopf hinein. Üben wir das eine kleine Weile und lassen wir beim

Ausatmen unseren Kopf los: Mit jedem Ausatemzug senkt er sich weiter auf die Unterlage.

-

Denken wir daran, daß unser Inneres eine lichtdurchflutete Höhle ist, und daß wir eintauchen in einen Strom von Energie mit jedem Ausatemzug; und gehen wir in unserer Vorstellung hinein in unseren Kopf, und lassen wir alle Verspannungen, alle Gedanken, alle Wünsche bei jedem Ausatemzug los. Nun legen wir unsere linke Hand oberhalb unseres rechten Ohres an den Kopf und drücken ihn vorsichtig zur linken Schulter herunter. Wir werden mit jedem Ausatemzug immer weicher im Nacken- und Schulterbereich. Üben wir das eine kleine Weile. Dann legen wir den Kopf wieder gerade hin. Und wir atmen weiter ein und aus...
Wir wiederholen diese Übung mit der rechten Hand zur anderen Seite. Legen wir also unsere rechte Hand oberhalb des linken Ohres an den Kopf und drücken ihn vorsichtig zur rechten Schulter. Und in der wiederholten Ausatmung werden wir immer weicher im Nacken- und Schulterbereich. Halten wir diese Stellung eine kleine Weile, dann legen wir den Kopf wieder gerade. Atem strömt weiter ein und aus...

-

Wir legen nun eine Hand in den Nacken und die andere auf die Stirn. Mit beiden Händen üben wir einen festen Gegendruck aus und zählen dabei bis 20. Dann lassen wir locker und atmen weiter ein und aus. Wiederum pressen wir die Hände fest gegen Nacken und Stirn und unter einem starken Gegendruck zählen wir bis 20. Nun lassen wir wieder locker und massieren anschließend mit den Fingerkuppen die beiden Einbuchtungen neben der Wirbelsäule am Schädelansatz. Dabei üben wir vorsichtigen Druck aus, um die Verspannungen in ein Wohlgefühl übergehen zu lassen.

-

Atem strömt weiter ein und aus. Und wir schenken unserem Gehirn und unserem Kopfinnern ein inneres Lächeln. Und unser Gehirn und das Innere unseres Kopfes strahlen wie eine helle Sonne zurück.

-

Atem strömt weiter ein und aus...

-

Wir liegen immer noch in Rückenlage und winkeln jetzt beide Beine an. Unsere Hände verschränken wir im Nacken und wir drücken mit beiden Händen von hinten das Kinn gegen die Brust. Danach legen wir den Kopf wieder zurück auf den Boden. Führen wir diese Übung dreimal durch: Wir atmen also ein und aus, und beim Ausatmen drücken wir das Kinn gegen die Brust, halten kurz inne, und legen den Kopf wieder zurück auf den Boden.

-

Nun legen wir beide Hände neben den Körper und atmen weiter ein und aus. Dann gehen wir in die 'Kerze' (nur sofern wir gerade nicht menstruieren oder schwanger sind): Wir heben jetzt unter Anspannung der Bauch- und Beinmuskulatur langsam die Beine bis sie einen rechten Winkel zum Boden bilden, wir stützen uns dabei auf unsere Fingerspitzen. Wir heben jetzt unser Gesäß und den unteren Teil des Rückens hoch und stützen uns mit den Händen in der Taille ab, die Daumen zum Bauch hin, die Ellenbogen müssen dicht am Körper bleiben. Strecken wir unsere Beine kerzengerade aus und ziehen wir, soweit es unser Gleichgewicht erlaubt, das Gesäß ein. Sobald wir ausbalanciert sind, stützen wir uns mit den Händen weiter oben an den Rippen ab und ziehen das Gesäß weiter ein. Nun knicken wir in der Leiste ein und schieben unsere gestreckten Beine über den Kopf und versuchen mit den Zehen den Boden zu berühren. Wir müssen uns dabei in der Taille einbiegen.
Atmen wir weiter ein und aus und verharren wir ein wenig in dieser Stellung bis es uns unbequem wird. Nun lösen wir langsam die Stellung, in dem wir die Knie beugen und die Beine wieder in die senkrechte Stellung bringen. Langsam rollen wir Wirbel für Wirbel unseren Rücken nach unten ab, bis das Gesäß und die Beine wieder auf dem Boden liegen (keinesfalls heben wir den Kopf dabei hoch, um zuzusehen).

-

Atmen wir nun weiter ein und aus. Und gehen wir noch einmal in die lichtdurchflutete Höhle, die unser Körper ist. Spüren wir in uns hinein und gehen wir in Gedanken beim Ausatmen zu Stellen, die schmerzen. Nehmen wir diesen Schmerz an. Senden wir ihm ein inneres Lächeln. Und der Schmerz löst sich auf, und die Stelle erstrahlt dankbar zu uns zurück.

-

Atmen wir weiter ein und aus, und ruhen uns nun aus, indem wir das bewußte Atmen aufgeben und noch einige Minuten still verweilen in allem, was uns wurde.[72]

Die anschließend aufgeführten Anleitungen sind auf den Einklang von Körper und Geist in der Bauchtanzmeditation abgestimmt.
Da der Atem die verbindende Kraft zwischen Körper und Geist ist,[73] beginnen wir immer mit einer *bewußten Atmung*:
Wir setzen uns in den Fersen-Sitz oder auf einen Stuhl. Achten wir darauf, daß die Wirbelsäule gerade ist.

Wir atmen durch die Nase tief ein, indem wir den Bauch ausdehnen und holen soviel Luft wie möglich.

Dann ziehen wir den Bauch mit einem Ruck zurück, so als hätte uns jemand dagegen geschlagen, so daß die Luft durch die Nasenlöcher hörbar heraus zischt.

Nun atmen wir wieder in das entstandene Vakuum ein, indem wir den Bauch ausdehnen. usw.

Wiederholen wir das Ein- und Ausatmen auf diese Weise etwa zehnmal.[74]

Es ist ratsam ein Taschentuch griffbereit zu haben, da die Atemwege durch diese Atmung gereinigt werden.

Eine befreiende Wirkung hat auch diese Sufi-Atmungsübung:
Einfach während des Einatems innerlich bis zur 7 zählen, auf 8 den Atem anhalten, dann von vorn zählen und dabei solange ausatmen bis die Zahl 7 erreicht ist, auf 8 den Atem anhalten, wieder einatmen und dabei bis zur 7 zählen, usw.[75] Diese Atmungsübung kann in jeder Stellung und Lage und solange ausgeführt werden wie man mag.

Anleitung nach Shakti Gawain zur Kontaktaufnahme mit dem KA:

Damit ist das Bewußtsein des KA, der Erdkraft, des 'Ortes' bzw. des Daseins auf diesem Planeten Erde als inneres Bild gemeint, sozusagen als sich selbst in der Realität 'verankern'. Durch die Schaffung des Bewußtseins des Ortes ergibt sich eine Wahrnehmung im Dasein als einen spirituellen Ort der Besinnung, den man immer wieder aufsuchen kann, wenn man eine Pause braucht.

Begib dich nach der Atemübung in eine bequeme Lage auf den Boden, das Sofa oder das Bett. Schließe die Augen und stell dir zunächst kurz mit geschlossenen Augen deine unmittelbare Umgebung vor. Das heißt, wenn du gerade im Wohnzimmer ruhst, rufe dir mit geschlossenen Augen das Bild deines Wohnzimmers ins Gedächtnis. Nun verlasse in Gedanken den Ort deines Wohnzimmers und ...

"Stell dir vor, du bist in einer schönen Naturlandschaft ... auf einer Wiese, auf einem Berggipfel, im Wald, am Meer oder sogar in der Tiefe des Ozeans oder auf einem anderen Planeten (oder in einer anderen Zeit, d. V.). Es kann jede Gegend sein, die auf dich anziehend wirkt. Wo es auch ist, es sollte dort bequem, angenehm und ruhig sein. Erforsche deine Umgebung,

achte auf alle Geräusche und Gerüche, auf besondere Gefühle, die in dir entstehen.

Richte nun den Ort heimischer und bequemer ein. Sei erfinderisch! Vielleicht willst du so etwas wie ein Haus oder einen Unterschlupf bauen oder auch nur die ganze Gegend mit einem goldenen Licht des Schutzes und der Geborgenheit umhüllen. Der Ort soll Behaglichkeit ausstrahlen und dir gefallen. Oder du machst die Gegend in einem Ritual zu deinem ganz besonderen Platz.

Von da an ist dies dein persönlicher innerer Rückzugsort. Schließ einfach die Augen! ... Es kann sein, daß sich dein Rückzugsort von Zeit zu Zeit unerwartet verändert, daß du selbst ihn veränderst oder einige Ergänzungen anbringen möchtest. Deiner Phantasie beim Einrichten deines Rückzugsortes sind keine Grenzen gesetzt, und du kannst eine Menge Spaß dabei haben ... unverzichtbar sind lediglich der Friede, die Stille und das Gefühl von absoluter Geborgenheit."[76]

Solltest du dich an diesem Ort durch irgend etwas bedroht fühlen, so rufe dir Helfer auf den Plan, die diese Bedrohung beseitigen, denn alles an diesem "inneren Rückzugsort" (Shakti Gawain) soll deinem Schutz dienen. Du sollst dort praktisch unangreifbar sein.

Anleitung nach Shakti Gawain zur Kontaktaufnahme mit dem BA:

Nimm nach der Atemübung wieder eine bequeme Haltung ein. Wenn du sitzt, achte darauf, daß deine Wirbelsäule gerade ist und beide Füße fest auf dem Boden stehen. Besser ist es jedoch, wenn du in Rückenlage auf einer Decke auf dem Boden liegst.

Schließe deine Augen. Begib dich nun an deinen 'inneren Rückzugsort' bzw. dein KA.. Betrachte deinen Ort, das Licht, die Umgebung. Bekomme ein Gefühl für dich selbst. Fühlst du dich wohl? Wie siehst du in deinen Gedanken aus? Was für eine Kleidung trägst du? Genieße es ein wenig an deinem Ort zu sein.
  Nun betrachte wieder deinen Ort. Ein Weg führt links an deiner linken Seite von dir weg. Du kannst das Ende dieses Weges nicht sehen. Du blickst diesen Weg entlang in die Ferne.
Was für ein Licht umgibt dich, ist es Tag oder Nacht?

Ganz undeutlich in weiter Ferne nimmst du eine Figur wahr. Sie ist erst wie
ein Schatten, ein Umriß ...
wird langsam deutlicher ...
kommt näher ...
sie kommt auf dich zu.
Die Gestalt wird langsam größer ...
wird sichtbar ...
wird deutlich sichtbar und ist voller Licht.
Ein Strahlenkranz umgibt sie.
Es ist dein BA, dein Gegenüber, dein Du.
Ihr seht euch an und begrüßt euch.
Du erzählst deinem BA was dich bedrückt.
Dein BA nimmt die Last von deinen Schultern
Du fühlst dich erleichtert und frei.
Dann verabschiedet ihr euch wieder und dein BA entfernt sich.
Du weißt jetzt, du kannst, wann immer du willst dich mit deinem BA treffen
und deine Sorgen mit ihm teilen und dir abnehmen lassen.
Warte eine kleine Weile.
Öffne deine Augen.

Mit der Zeit werden die Meditationen zum KA und BA ineinander übergehen und zu einer einzigen Meditation verschmelzen. Du wirst dich an deinem Ort mit Freunden, Verwandten oder Bekannten treffen und das Zusammensein mit ihnen genießen. Du wirst dich auch mit Gegnern treffen. Du kannst sie fragen, was sie von dir wollen oder was sie gegen dich haben. Manchmal wirst du auch einfach nur die strahlende Sonne aufsuchen, um dich zu wärmen und geborgen zu fühlen.

Was es auch sei, es "... ist das Produkt unseres erfinderischen Geistes, der keine Grenzen kennt."[77]

Wichtig ist, daß du dich bei allem wohl fühlst. "Wenn nicht, sei erfinderisch und ändere an dem Ritual, was du für nötig hältst."[78]

Anleitung nach Stangl zum Finden der Frequenz des Gleichgewichts: 'Mitte-Meditation':

Zum Zweck des Findens des geistigen Gleichgewichts setze dich in den Fersensitz oder auf einen Stuhl (beide Füße fest auf dem Boden) oder in den Lotussitz.

Sei in dieser Haltung so entspannt wie möglich, die Wirbelsäule soll gerade sein. Lege die Hände auf die Knie. Sammle dich nun eine kleine Weile auf dich selbst. Schließe dabei die Augen und wende den Blick nach innen. Spüre deinen Atem. Fühle wie er kommt und geht, ohne ihn dabei zu beeinflussen. Nun lege die Hände langsam so, daß die linke vorne auf deine Mitte gelegt wird, etwa eine Handbreit unter den Bauchnabel und die rechte hinten auf das Kreuzbein. Die Handinnenflächen liegen einander gegenüber und strahlen ihre Wärme zur Bauchmitte hin ab. Spüre dich in deine Hände ein. Und jetzt nimm wahr, wie der Atem dorthin strömt wo deine Hände sind. Das übe eine kleine Weile.

Spüre dich nun in den Raum ein, der im Bauch zwischen deinen Händen liegt. Nimm wahr was dort alles ist. Dein Bewußtsein flutet vom Kreuzbein mit dem Steißbein durch die Därme zur Gebärmutter und zur Blase.

Nun stelle dich auf deine Nase ein und beginne dort eine feine Substanz mit dem Einatem in den Körper hinein zu ziehen. Stelle dir diese Substanz z. B. als Nebel oder Flüssigkeit oder Licht vor und achte dabei darauf, welche Farbe diese Substanz hat. Die farbige Substanz dringt durch deine Nase ein, fließt durch deine Schultern, Arme und Hände in die Finger und wird von dort in deine Mitte hinein geleitet. Intensiviere in deiner Vorstellung die gefundene Farbe noch weiter und laß sie sich als einen warmen Strom von Kraft im ganzen Unterleib ausbreiten. "Dieser kraftvolle Strom wird schließlich so stark, daß die Hände wie von selbst den physischen Körper verlassen und in die Aura hineingehen, ohne daß das Strömen der Energie dadurch unterbrochen wird."[79]

Genieße nun noch einige Minuten diese farbige Aura und laß sie sich in Seele und Geist hinein ausbreiten. Spüre das Gefühl der Gelassenheit, das von ihr ausgeht.
Öffne dann deine Augen. Erinnere dich noch einmal an die Farbe deiner Mitte, nimm sie mit in deinen Alltag, indem du dir vielleicht ein Kleidungsstück dieser Farbe anziehst oder dich sonstwie damit umgibst, um deine Körperschwingungen auf diese Frequenz einzustellen.

Selbstverständlich ändert sich unser Gleichgewicht zusammen mit unseren Handlungen im Alltag. Je nachdem wie wir leben und handeln, ändern wir selbst die Gleichgewichtsverhältnisse in unserem Leben. Deshalb werden wir zu unterschiedlichen Zeitpunkten auch unterschiedliche Ausgleichsfarben sehen. Denn das 'Prinzip des Ausgleichs widerstrebender Kräfte', das im Naturkreislauf wirkt, bedeutet für den Menschen: "Daß das Schicksal eines Menschen durch dessen Taten bestimmbar ist, die im Sinne eines Gleichgewichts bzw. Ausgleichs mit dem Gegenüber entsprechend günstig oder ungünstig für ihn wirken."[80] Insofern können wir, wenn wir unser Gleichgewicht verloren haben, es mit der Vorstellung der Frequenz bzw. Farbe des Ausgleichs spirituell wiederfinden und uns dann auch körperlich/seelisch erneut darauf einstellen.

Ausgangsfrequenz und Ausgleichsfrequenz

Das Ziel der Meditation ist, sich keine Sorgen zu machen und nur das zu denken, was man selbst denken will. An diesem Punkt deckt sich das Ziel der Meditation mit den Qualitäten, die eine gute Bauchtänzerin haben muß: Sie ist nur dann gut, wenn sie in sich selbst ruht. Der Qualität des 'In-sich-selber-ruhen' entspricht ein bestimmter Schwingungszustand. Schwingungszustände sind Gefühlszustände, und es gibt Schwingungen (Gefühle/Energie) des Lebens und Schwingungen (Gefühle/Energie) des Sterbens; es sind Schwingungen der Trennung (Ungleichgewicht) oder Schwingungen der Vereinigung (Gleichgewicht) von Körper und Geist. Kriterium für das Gleichgewicht von Körper und Geist ist das Gefühl der Entspannung. Wenn man mit Orientalischem Tanz durch das Versenken in Gefühl und Rhythmus Entspannung herbeiführt, sind Körper und Geist vereinigt. Ebenso ist es, wenn man für negative Gefühle in der Meditation das entsprechende Bild findet und daraufhin Entspannung eintritt. Entspannung gleicht einem Gefühl von Leichtigkeit. Da Gefühlszustände ebenso Schwingungszustände sind, meßbar als Frequenz, können sie von der Person durch das Ändern der Frequenz selbst verändert werden. Denn der Körper besitzt gemäß der Yogalehre im Feinstofflichen Gefühlsumwandlungszentren (Chakren), die geistig beeinflußbar sind (z.B. durch Autosuggestion) und die in der Realität auch ständig von der Umgebung durch Heterosuggestion beeinflußt werden. Entscheidend für unser Leben ist aber diese Wirkung im Feinstofflichen. Durch Meditation kann man seinen Körper geistig beeinflussen, um zum Beispiel Heterosuggestionen abzuwenden, vor allem aber, um der Trennung von

Körper und Geist entgegenzuwirken. Was heißt das? Die Trennung von Körper und Geist wird eingeleitet durch ein Ungleichgewicht zwischen Körper und Umfeld. Man kann auch sagen: alle Ungerechtigkeiten, die im zwischenmenschlichen Bereich geschehen, leiten die Trennung von Körper und Geist ein.

Um bewußt der Trennung von Körper und Geist entgegenzuwirken, müssen wir unsere Gefühlszustände bewußt wahrnehmen und dann, da sie Schwingungen (Energie) sind, müssen wir diese Gefühlszustände bewußt umwandeln. Wir können dann allmählich Gefühlszustände der beginnenden Trennung von Körper und Geist von denen der Vereinigung unterscheiden (negative und positive Gefühle) und können negative Gefühle willentlich beeinflussen.

Es gibt unterschiedliche Möglichkeiten zur Umwandlung von negativen Gefühlen. Diese gehen von der Transformation mit Steinen (z.B. Obsidian und Bergkristall[81]) über die Transformation mittels Atemlenkung (z.B. bei Chia) bis hin zur Transformation durch Bauchtanzmeditation, wie es hier vorgeschlagen wird.

Eine andere Methode, die von den verschiedenen Religionen seit je her praktiziert wird, ist die Selbstbeeinflussung durch einen starken Glauben im Gebet. Murphy zufolge lautet das Gesetz des Geistes: 'Jeder erhält das, woran er glaubt'. Aber jeder glaubt im allgemeinen nur das, was er aufgrund seiner Erkenntnisfähigkeit auch für möglich hält. Daraus ergab sich seit Anbeginn des Versuchs der Lenkung der Lebenskraft mittels Zauberspruch und ergibt sich heute zum Zwecke des Entwurfs eigener Zaubersprüche für das positive Denken, das Problem der Verknüpfung von Glaube und Vorstellung.

Um die 'Macht des Unterbewußtseins' (des KA) zu nutzen, sollte man daher, abgesehen davon, daß man wissen muß, was man will, entspannen und sich das Gewünschte als bereits verwirklicht vorstellen. Ist man aber entspannt, ist man sowieso im Einklang mit der Kraft, die ausgleicht.

Cayce schlägt die Zeit vor dem Einschlafen als traditionell zur Autosuggestion gut geeignet vor.[82] Wer es also glaubt, der versuche in Zeiten, in denen es nicht mehr weitergeht, folgendes Gebet vor dem Einschlafen:

Ich glaube an die Macht meines KA (Unterbewußtsein)! Mein KA beseitigt alle meine Probleme im Einklang mit der Kraft, die ausgleicht.

Man betrachte dies aber weniger als Gebet, denn als Zauberformel, die solange wiederholt wird, bis der Schlaf kommt. Diese Art zu beten, wurde vom "... bekanntesten weiblichen Sufi, Rabii'a al-Adawiya ..."[83] eingeführt,

"... die im achten Jahrhundert lebte."[84] Rabii'a soll mit der Zauberformel "... La-illáhá-illa-alláh" ("Es gibt keinen Gott außer Allah, dem Einen") ... auf übernatürliche Weise genügend Gold für ihren Lebensunterhalt erhalten haben."[85]

Direkten Zugang zur Umwandlung von Gefühlszuständen bieten auch die Chakren. Die Tabelle versucht als Übersicht eine Zuordnung des Zusammenhangs gegenseitiger Beeinflussung zwischen Chakra, Diesseits und Jenseits, Gefühlen, Wahrnehmungszentren des Körpers, Klang, Duftstoffen und Stellung des Geistes in der Welt zu geben.

Die Welt ist Schwingung

	Mensch (Diesseits)						All (Jenseits)
	Körper (passiv ausführend)			Geist (aktiv gestaltend)			
Energie-, Gefühls-zentrum (Chakra)	Wurzel	Sakral	Solar	Herz	Kehlkopf	Stirn	Scheitel
Zuordnung	Erde	Wasser	Sonne	leb. Natur	Luft	Kosmos	Göttin / Gott
Farbe (Frequenz)	rot	orange	gelb	grün	blau	indigo	violett
Gleichgewicht zur Welt	Grundbedürfnisbefriedigung (Antrieb von innen)	Antrieb von innen, Sexualität (=Gleichewicht des Wollens)	Anforderungen/ Absichten (Erwartungen) von außen	transformierter Wille /Antrieb (Liebe)	transformiertes Gleichgewicht (Entspannung) Kommunikation	transformierte Welt/ Gesellschaft (Intuition/ Erkenntnis)	tansformiertes Sein, gerettet sein, geborgen sein, befreit sein
Negative Gefühle (Frequenz)/ Ungleichgewicht zur Welt	Kraftlosigkeit, Hinfälligkeit, Müdigkeit, Erstarrung	Trauer, Frustration Streß	Innere Unruhe, Angstzustände, Verfolgungswahn Übelkeit	Ablehung, Haß, Egoismus, Herrschsucht	Verzweiflung, Enge, Gefühle v. eingesperrt sein	Ohnmachtsgefühle, Depression Kopfschmerz	Minderwertigkeit, Verunsicherung, Sinnlosigkeit
Wahrnehmungszentren	Unten Enge: Beckenboden			Mitte Enge: Zwerchfell		Oben Enge: Hals	
Gefühlseigenschaft (Umwandlungsfrequenz) d. Musik	stampfend, verwurzelnd, erzitternd z.B. Maqam Hidschas	sprudelnd, fließend, agierend z. B. Maqam Buselik	strahlend, freudvoll, friedvoll z.B. Maqam Huseini	bejahend, hingebend, erwidernd z.B. Maqam Beyati u. Buselik	entfaltend, atmend z.B. Maqam Rast	suchend, findend z.B. Maqam Rast u. Rehavi	ergebend, feiernd, anbetend z. B. Maqam Uschschak
Ätherisches Öl	Nelke, Zeder	Sandel, Vanille	Blutorange Orange	Rosenöl	Lavendel	Jasmin, Minze	Ylang-Ylang, Lotus

Allerdings kann man mit Meditation nur die zur Verfügung stehenden, sozusagen noch im Fluß befindlichen Energien bzw. Schwingungen (also wahrnehmbare Gefühle) beeinflussen.

Für die bereits im Körper festgehaltene bzw. blockierte Energie ist es notwendige Voraussetzung, diese erst ins Fließen zu bringen, damit uns diese Energien wieder ungebunden zur Verfügung stehen. Dabei hilft uns der Orientalische Tanz. Durch die permanente isolierte Bewegung in den in Frage kommenden Körperzentren werden die dort gebundenen Energien ins Fließen gebracht, festgehaltene negative Gefühle kommen ins Bewußtsein und können nun mittels Meditation umgewandelt werden. Deshalb kann es durchaus passieren, daß es uns, nachdem wir mit dem Orientalischen Tanzkurs begonnen haben, nach anfänglicher Euphorie erst einmal gefühlsmäßig schlecht geht. Ohne das 'Ins-Fließen-bringen' und die Umwandlung der in Frage kommenden Energie wird es jedoch nicht gelingen, die Bewegung zu beherrschen und darüber hinaus unseren Körper in dieser Bewegung zu genießen.

Umgekehrt kann man den Orientalischen Tanz zum Zwecke der Ekstase bzw. der Vereinigung von Körper und Geist auch nur tanzen, wenn man in der Lage ist bzw. über Möglichkeiten verfügt, die ins Fließen gebrachte negative Energie umzuwandeln.

Eine Möglichkeit zur Umwandlung der negativen Energien liegt in der Orientalischen Tanzmusik selbst:

Für Frauen, die nicht durch kognitive Bildung gezwungen waren, von ihrem Körper ständig zu abstrahieren wie z.B. in ursprünglichen, natürlichen Lebenszusammenhängen, genügen in der Regel Orientalischer Tanz und die entsprechende Musik für die Umwandlung von Energien zum Leben, während wir zusätzliche Übung in der Wahrnehmung von Körper und Geist (z.B. durch Meditationen) benötigen, um überhaupt erst dahin zu gelangen, allein mit Hilfe der Orientalischen Musik unsere Gefühlszentren zum Zwecke der Vereinigung von Körper und Geist beeinflussen zu können. Bevor wir also negative Gefühle umwandeln können, müssen wir diese erst einmal wahrnehmen und annehmen.

Das Ergebnis von Bauchtanz und Meditation ist auf die Dauer: gesteigerte Lebensfreude, Gesundheit und Beweglichkeit, Genuß am eigenen Körper, Entspannung und körperliches Wohlbefinden; außerdem natürlich, ein Tanzen im Gleichgewicht, die Tanzbewegungen fallen leicht, sie gehen wie von selbst. Wir haben Lebensfreude im Dasein. Wir haben Leichtigkeit und Wärme, später mit wachsendem Fortschritt im Bauchtanz geht dies bis hin zum Gefühl des Schwebens, Fliegens, der Ekstase, und des Durchwärmens von Körperteilen und/oder des ganzen Körpers; wir bekommen Kraftzufuhr durch das Ausbalancieren der Körperzentren mit der Schwerkraft der Erde und durch die Kontaktaufnahme mit der übergeordneten Kraft in uns.

Auf diesem Weg, die Schwerkraft zum Verbündeten zu machen, dem Weg der Erneuerung, stehen also immer unsere Gefühle im Mittelpunkt: Wir gehen zunächst davon aus, daß wir aus dem Gleichgewicht geraten sind. Die Tanzbewegungen fallen schwer. Wir sind durch Ablehnung bis hin zum Stillstand (geistig/seelische Bewegungsunfähigkeit) abgestoppt worden (Gefühlsblockierung). Möglicherweise ginge das bis hin zum Aufbrauch aller Lebenskraft im Körper. Soweit wollen wir es nicht kommen lassen, darum gehen wir den Weg der Erneuerung. Das heißt, wir suchen ein neues Gleichgewicht, zuerst durch Bauchtanz und allmählich auch im Bewußtsein. Wir bringen mit Bauchtanz die Gefühlsblockierungen ins Fließen und mit Meditation den Gefühlsfluß ins Bewußtsein. Wir lassen Gefühle zu und heraus; wir akzeptieren uns, wie wir sind. Dieser Weg ist immer der gleiche und heißt:
- wahrnehmen und annehmen unserer Gefühle
- wiedererkennen der hinter den Gefühlen steckenden Absicht (spirituelles Erkennen)
- akzeptieren der Absicht (= loslassen, sich von der falschen Vorstellung verabschieden, die innere Entscheidung ändern, allmählich die eigene Handlungsweise ändern)
Unser Motto heißt in Abwandlung eines bekannten Zitats: "Ich fühle, also bin ich!"
"Erst wenn man sich mehr dem Fühlen überläßt, befreit man sich auch vom Teufelskreis des Denkens."[86]
Blockiertes Gefühl unterbricht oder durchschneidet den freien Fluß der Schöpfungskraft und schränkt sie ein. Schmerzen, Verspannungen, im weiteren Krankheit des betreffenden Körpers sind die Folge.
"Mit besonderer Vorliebe stellen sich Muskelspannungen als Bremsungen plasmatischer Strömungen überall dort her, wo 'Ringmuskeln' funktionieren; so am Rachen, am Mageneingang und -ausgang, am Darmende etc."[87]
Hals-, Zwerchfell- und Beckenbodenbereich sind daher als die "drei Engen" (Reich) für den menschlichen Körper von besonderer Bedeutung.
Im Verhältnis des Körpers zur Schwerkraft haben bereits Autoren der körperorientierten Psychotherapien (z.B. Gestalttherapie) Verbiegungen und Verformungen des menschlichen Körpers illustriert und diese Verbiegungen mit den sozialen Beziehungen der betreffenden Menschen in Verbindung gebracht.

In Beziehung zur Schwerkraft bildet der Körper ein kompensiertes Gleichgewicht aus. "Wenn z.B. der Brustkorb in der einen Richtung von der Mittellinie abweicht, geht der Bauch in der anderen Richtung."[88] Körperverformungen ergeben sich im Laufe der Zeit. Die Beziehung eines Körpers zum Boden, die Zentrierung seiner Schwerkraft, wird als 'Erdung' bezeichnet und zeigt die Beziehung der Seele zur Realität an.[89]

Der Orientalische Tanz stellt das Einüben in die Zentrierung der Schwerkraft tief im Becken in den Vordergrund. Es ist ein Tanz der einzelnen Körperzentren mit der Schwerkraft. Das durch das Abwechseln der verschiedenen Bauchtanz-Haltungen isolierte schnelle Verlagern des Schwerpunktes und dadurch das 'Nacheinander-beanspruchen' unterschiedlicher Körperteile beim Ausbalancieren des Gleichgewichts während des Tanzens machen den Reiz dieses Tanzes aus. Orientalischer Tanz ist ein im hohen Maße die innerkörperliche Wahrnehmung und den Realitätssinn schulender Tanz.

Entsprechend dem Trägheitsgesetz unseres Planeten treten Widerstände (Unlust/Frustration) bei dem Versuch, den Körper durch Bauchtanz in ein neues Gleichgewicht zu bringen, auf. Diese Widerstände müssen überwunden werden. Wir überwinden die Unlust/ Frustration durch eine Yogaübung, die wir 'Wiedergeburtsstellung' nennen. Wegen der hohen therapeutischen Wirkung, kann man diese Übung machen, wann immer man sich verkrampft oder angespannt fühlt.[90]

WIEDERGEBURTSSTELLUNG:[91]

Wir knien uns mit geschlossenen Beinen auf den Boden.
Dann setzen wir uns auf unsere Fersen, und legen die Hände neben die Füße, die Fingerspitzen zeigen nach hinten.
Wir bringen ganz langsam den Kopf auf den Boden, indem wir zuerst das Kinn auf die Brust senken, dann die Halswirbel nach vorn einrollen und alle anderen Wirbel nachfolgen lassen. Die Hände bleiben dabei an den Füßen.
Erst, wenn der Kopf mit dem Boden in Berührung kommt, lassen wir die Ellenbogen sinken. Die Hände ruhen nun mit den Innenflächen nach oben neben den Unterschenkeln.
Der Kopf kann auch zur Seite gedreht auf dem Boden ruhen. Wir entspannen uns vollkommen. Die Brust ist gegen die Knie gedrückt.
Wir verharren, solange wir wollen, je länger, desto besser.

Wir strecken unser Gesäß nicht hoch. Der Kontakt zu den Fersen, auf denen wir sitzen, soll erhalten bleiben.
Wir verlagern das gesamte Gewicht auf die Beine und Fersen.

Sobald wir sicher in den Bauchtanzbewegungen sind, benutzen wir jedoch nur noch Bauchtanz zur Gefühlsumwandlung, um negative Schwingungen (Schmerz, Spannung) wieder loszuwerden und uns wieder wohl zu fühlen.

Bauchtanzmeditation

Bauchtanzbewegungen wirken gezielt auf die Muskeln der 'drei Engen' und greifen dort Gefühlsblockierungen an. Dies ist unter Umständen verbunden mit Schmerzen und/oder einem Unvermögen, die Bewegung auszuführen. Hier hilft nur das Weiterbemühen in der richtigen Richtung, also 'Dranbleiben' an den Bauchtanzbewegungen, die schwerfallen, ist gefordert und die zusätzliche Unterstützung des 'Ins-Fließen-bringen' von Gefühl durch Meditationen. Gefordert ist ein 'Nach-innen-spüren' und ein Schmerzbewußtsein entwickeln sowie das Bemühen um die Koordination von Bauch-, Becken-, Hüft- und Oberkörperbewegungen mit Arm- und Handbewegungen im Rhythmus. Denn getreu altägyptischer Vorstellung, wonach sich alles auf das 'Herz' bezieht, ist von Anfang an im Tanz die Verbindung mit diesen das 'Herz' symbolisierenden Arm- und Handbewegungen herzustellen, um die bewußte Wahrnehmungsfähigkeit der Person (welche das 'Herz' ist!) zu trainieren.
Ergeben sich Spannungen, ist eine Kombination aus Atemübungen und Meditationen gefordert, um Entspannung, das heißt, das Nachlassen des Schmerzes, zu erlangen. Bei Spannungen geht es z.B. darum, in diesen Schmerz hinein zu atmen und wahrzunehmen, das heißt, sich dem Schmerz zu öffnen (sich ihm überlassen, in ihm verschwinden, nur noch Schmerz sein = loslassen von Angst). Das ergibt in der Regel Entspannung. Entspannung ist die Vereinigung zwischen Gefühl und Bewußtsein und damit die Erkenntnis der Absicht, die ursprünglich hinter der Spannung steckte. Kann das Gefühl aber beim Namen genannt werden, ist bereits die Abtrennung von sich selbst überwunden.
Ist der freie Energiefluß gegeben, empfindet eine Person bei den Bewegungen des Orientalischen Tanzes angenehme Gefühle. So vermitteln beispielsweise Bauchtanzbewegungen, die das obere Wahrnehmungs-

zentrum des Körpers betreffen, Gefühle von Freude und Selbstbewußtsein; diejenigen, die das mittlere Wahrnehmungszentrum des Körpers betreffen, vermitteln Selbstvertrauen und Selbstsicherheit; die des unteren Wahrnehmungszentrums vermitteln Stimmungen und Gefühle von Gelassenheit und Heiterkeit bis Ausgelassenheit (Übermut).

Dadurch, daß das Gleichgewicht beim Bewegen der einzelnen Körperzentren isoliert gesucht wird, ergibt sich rein optisch der reizvolle und faszinierende Eindruck, daß sich innerkörperliche Bewegungszentren scheinbar unabhängig voneinander bewegen bzw., daß die Bewegung von einem Körperteil in den anderen wandert.

'Isolation' bedeutet z.B. beim 'Hüftdrop', daß man im Standbein fest verankert ist, die Bewegung nur aus der Hüfte des Spielbeins kommt und, da die Bewegung ziemlich einfach ist, kann man den Oberkörper ruhig halten, mit der Hüfte 'droppen' und mit den Armen etwas völlig anderes machen; oder man kann weiter 'droppen', sich mit dem Oberkörper nach hinten lehnen und dabei um die eigene Achse drehen.

Isolation bedeutet: der restliche Körper wird ruhig in der Bauchtanzgrundhaltung gehalten. Beim Üben sollte man erst das Gefühl für die isolierte Bewegung finden, dann kann man isolierte Bewegungen miteinander kombinieren.

Der nun folgende Übungsteil soll ergänzend die im Bauchtanzkurs gelernten Körperbewegungen vertiefen und als Einführung in ein meditatives Tanzen dienen.

Bauchtanzgrundhaltung

Isolationsübungen

Bevor du mit der Bauchtanzmeditation anfängst, vergegenwärtige dir die
BAUCHTANZGRUNDHALTUNG und prüfe zuerst, ob du die isolierten
Bewegungen beherrschst. Fühle dich in deinen Körper bei jeder Bewegung
ein und denke dabei an Wachsein und Wahrnehmung von den Zehen bis in
die Fingerspitzen:

BAUCHTANZGRUNDHALTUNG

Die Knie sind so gebeugt, daß sie mit den Zehenspitzen eine gerade Linie
bilden.
Die Füße stehen nebeneinander, etwa im Hüftabstand; die Wirbelsäule ist
locker aufgerichtet;
Das Gesäß wird in der Mitte gehalten. Wir verkürzen die Muskeln
unterhalb des Bauchnabels etwas, das heißt, wir ziehen den Bauch ein

wenig hoch, indem wir das Gesäß und die Oberschenkel anspannen und konzentrieren uns auf den Bereich unseres Bauches, in dem die Gebärmutter liegt.

Die Schultern locker loslassen. Diese Haltung bauen wir auf, indem wir einen Schulterkreis von vorn nach hinten mit beiden Schultern gleichzeitig ausführen und die Schultern hinten unten ruhen lassen. Jetzt tragen die Rückenmuskeln die Schultern und das Herzzentrum vorn zeigt nach oben. Keinesfalls darf der Eindruck entstehen, als ob der Kopf zwischen den Schultern sitzt.

Die Ellenbogen sollen seitwärts abstehen, Fingerspitzen auf den Hüften; Blick geradeaus (nach vorn, nicht nach oben oder unten).

Es kann sich, wenn alle Schritte zum Aufbau der Haltung eingehalten wurden, ein nach hinten geneigter Oberkörper ergeben haben. Dies gleichen wir aus, indem wir nur in der Taille leicht nach vorn einknicken, so daß der ganze Körper wieder gerade steht.

Das Körpergewicht liegt jetzt auf den Fersen und den Außenkanten der Füße. Die Muskeln des Gesäßes, der Oberschenkel und Waden (und keine anderen) haben die Schwerkraft auszugleichen. Diejenigen Muskeln im Rücken, die bei unseren verspannten Haltungen ein falsches Gleichgewicht aufrecht erhalten, werden entlastet (Rückenschmerzen verschwinden allmählich).

In der Bauchtanzgrundhaltung mehrmals:
ARME nach oben und nach unten schließen mit Handgelenkführung

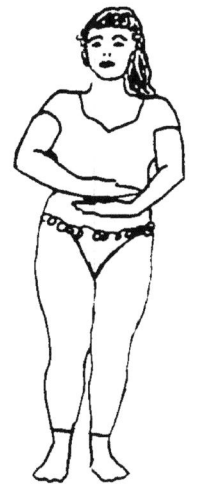 

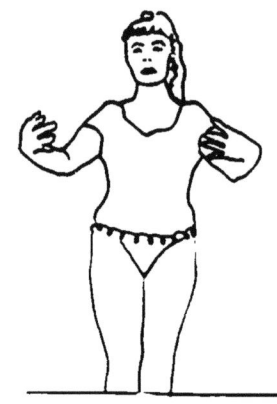

Arme mehrmals in Brusthöhe kreuzen und wieder öffnen: mit
Handgelenkführung
Zum Öffnen die Hände umklappen und die Arme auseinander ziehen. Zum
erneuten Kreuzen ebenfalls zuerst Hände umklappen und Arme zusammen
führen.

beide Arme in Hüfthöhe mit Handgelenkführung parallel zur Seite
schwenken, gleichzeitig entgegengesetzte Hüfte nach außen schieben und
wieder zurück und zur anderen Seite; mehrmals wiederholen
(Hände jeweils vor dem Wechsel umklappen)

HANDKREISE (z.B. 4x, dann die Richtung wechseln)
halte deine Hände so als hieltest du einen Fotoapparat
führe beide Arme auseinander in die Position als wolltest du ein Orchester
dirigieren
jetzt führe den ausgestreckten Mittelfinger jeder Hand ein wenig weiter
nach innen in Richtung Innenfläche
nun male mit den Mittelfingern jeder Hand imaginäre kleine Kreise in die
Luft, während du die Arme ruhig hältst aber die Hände aus dem
Handgelenk mit bewegst.

Alle Hand- und Armbewegungen (die oben genannten waren nur wenige Beispiele) symbolisieren und erschließen den Zugang und das Gefühl für das 'Herz'. Schöne ausdrucksvolle Arm- und Handbewegungen lassen den Tanz erst vollständig erscheinen bzw. zeugen von der Integration der Gesamtpersönlichkeit.

KOPFHALBKREISE

Halte die Schultern entspannt, neige deinen Kopf mit dem rechten Ohr so weit wie möglich nach rechts auf die Schulter und lasse deinen Kopf wie willenlos in einer kreisenden Bewegung nach vorn zur anderen Schulter rollen, wie bei einer Stoffpuppe oder Marionette, deren Kopf an einem Faden hängt. Den Kopf zuerst langsam, behutsam und sanft von einer Seite zur anderen rollen lassen. Später mit zunehmender Sicherheit in der Bewegung auch schneller im Rhythmus der Musik. Achtung: Schultern unten lassen.

SCHULTERKREISE:
beide Schultern nach vorn kreisen(8x),
nach hinten kreisen (8x);
einzeln nach vorn (8x) kreisen
und einzeln nach hinten kreisen (8x);
einzeln nach hinten kreisen und Oberkörper gleichzeitig zur jeweiligen
Seite lehnen;
weiter einzeln kreisen und gleichzeitig Oberkörper zur jeweiligen Seite
lehnen und dabei langsam (bei jeder seitwärts Bewegung etwas höher) den
jeweiligen Arm anheben

SCHLANGENARME (mehrmals)
aus dem wechselseitigen Schulterkreisen einzeln nach hinten heraus:
beide Ellenbogen stehen seitwärts ab, die Unterarme hängen passiv
herunter
zuerst den jeweiligen Arm durch den halben Schulterkreis anheben, der
Ellenbogen zeigt nach oben, der Unterarm hängt locker herunter

mit dem jeweiligen Ellenbogen nun ebenfalls isoliert einen Kreis nach hinten anfangen, während die Schulter ihren Kreis vollendet. Der Unterarm schwingt passiv mit.

Aus der Bauchtanzgrundhaltung heraus:
isoliertes BRUSTKORBSCHIEBEN nach RECHTS und nach LINKS.
Nur der Brustkorb bewegt sich nach rechts und links, alles andere steht still. Wem das isolierte Brustkorbschieben schwerfällt, der denke daran, daß Gesäß und Oberschenkel angespannt sein müssen, atme aus, lehne den Oberkörper ein wenig zurück und konzentriere sich auf einen Punkt in der Mitte zwischen den Brüsten, und bewege diesen von rechts nach links und umgekehrt (während dessen das Atmen nicht vergessen)

BRUSTKORBSCHIEBEN VOR und wieder ZURÜCK (mehrmals)
Bewege den Punkt in der Mitte zwischen den Brüsten nun weiter nach vorn, anstatt nach rechts oder links, wieder zurück zur Ausgangshaltung und schiebe ihn anschließend ein wenig nach hinten und zurück zur Ausgangshaltung.

BRUSTKORBKREISEN
anschließend den Brustkorb zur Seite, nach vorn, zur anderen Seite und zurück schieben; dies mehrmals und auch andersherum. In einer fließenden Bewegung miteinander verbunden ergibt sich daraus das Brustkorbkreisen

HÜFTSCHIEBEN nach rechts und links; erst langsam, dann doppelt so schnell
den Oberkörper ruhig halten, Arme locker hängen lassen
die Füße bis auf wenige Zentimeter zusammenstellen
die Knie ruhig halten
die rechte Hüfte nach rechts heraus schieben
und wieder zurück bis zur Mitte
anschließend die linke Hüfte nach links heraus schieben
und wieder zurück bis zur Mitte
die Bewegung der rechten und linken Hüfte fließend miteinander verbinden

Bauch-/bzw. BECKENKIPPEN nach vorn, zur Mitte, nach hinten, zur Mitte
gehe tiefer in die Knie
konzentriere dich auf einen Punkt am Ende der Rundung deines Gesäßes
schiebe diesen Punkt nach vorn, zurück zur Mitte, nach hinten und wieder
zurück zur Mitte

BAUCHKREISEN

kleiner Bauchkreis: MONDKREIS
Hüftschieben u. Beckenkippen: zur Seite schieben, nach vorn kippen, zur
Seite schieben, zurück kippen; mehrmals wiederholen und auch
andersherum
diese Bewegung nun fließend miteinander in einer Linie verbunden, es
ergibt sich: das Bauchkreisen

großer Bauch-/Beckenkreis: SONNENKREIS; hierfür Beine weiter
auseinander stellen (ca. 30 cm Abstand), die Knie dürfen ausnahmsweise
gestreckt sein, der Kopf bildet das eine Ende einer gedachten Achse und
bleibt ruhig in der Mitte, während der Oberkörper sich beim großen Kreis
leicht zur anderen Richtung neigen muß, um die Balance zu halten.
beginne mit dem Hüftschieben nach rechts
nach hinten zur Mitte
nach links und
nach vorn zur Mitte
und wieder rechts, hinten, links, vor usw. und auch anders herum und
verbinde dies in einer fließenden Linie

SCHULTERPENDELN einseitig
(Armposition z.B. Kopf/seit)
die Schulter des Armes, der mit leicht angewinkeltem Ellenbogen
(Ellenbogen zeigt nach unten/hinten) zur Seite ausgestreckt ist, wird
ruckartig nach vorn und wieder zurück gestoßen, der Ellenbogen und der
Unterarm bleiben ruhig
z.B. 4x rechts, 4x links, 2x rechts, 2x links

Schulterpendeln wechselseitig (Armposition seit/ seit in Brusthöhe) einmal rechts, einmal links, langsam, dann doppelt so schnell, dann noch schneller (wobei die Bewegung immer kleiner wird) bis zum Schulter-SHIMMY, d.h., bis nur noch ein Zittern übrig bleibt.

SCHULTERPENDEL und SHIMMY (Zittern) ausführen und dabei den Oberkörper leicht zurückbeugen, und wieder zur Mitte, und zurückbeugen, und zur Mitte und so weiter ... (beim Zurückbeugen zeigen die Handinnenflächen nach oben: = geöffnet; beim 'Wieder nach oben zur Mitte beugen' sind die Handinnenflächen wieder nach unten gedreht: = geschlossen)

isoliertes BRUSTKORB-HEBEN, langsam, schneller, schnell:
atme ein und hebe gleichzeitig den Brustkorb hoch, atme aus und lass ihn
nach unten sacken,
übe das Heben und Fallenlassen auch unabhängig vom Atemrhythmus,
verlege die Betonung auf das Fallenlassen

OBERKÖRPERWELLE
schiebe den Oberkörper erst nach vorn (in der Taille einknicken) und dann
hebe den Brustkorb hoch
senke ihn wieder ab und schiebe den Oberkörper dabei wieder zurück
unterstütze mit der Atmung: beim Hochheben atme ein und beim
Absenken atme aus

Übe dies, bis du flüssig damit vertikal kreisen kannst.
Die Oberkörperwelle in Verbindung mit der Beckenwelle getanzt, ergibt die
Kamelbewegung.

Isolations- und Koordinationsübung

KÖRPERWELLE (KAMEL)

Beckenwelle
Grundhaltung und Fingerspitzen locker auf den Hüften, Ellenbogen
seitwärts abstehend.
ein Bein nach vorn auf den Fußballen stellen, das Becken ist nach hinten
gekippt, das Gewicht befindet sich auf dem hinteren Bein
das nach vorn gestellte Bein abheben und das Bein zurückziehen,
aufstellen. Beim Aufstellen das Becken nach vorn schwingen, tiefer in die
Knie gehen und das Gewicht verlagern. Dann das andere Bein, das sich
jetzt vorn befindet, abheben, dabei das Becken wieder nach hinten kippen,
und die Knie wieder etwas strecken
nun das Bein zurückziehen, aufstellen. Beim Aufstellen das Becken wieder
nach vorn schwingen, tiefer in die Knie gehen und das Gewicht verlagern ...
usw.

soweit die Beckenwelle...

Nun kombiniere mit der Oberkörperwelle!
ein Bein ist vorn aufgestellt, konzentriere dich auf deinen Nacken und schiebe deinen Oberkörper ein wenig nach vorn,
hebe deinen Brustkorb an und ziehe gleichzeitig deinen Oberkörper wieder zurück,
wenn die Wirbelsäule wieder aufgerichtet und gerade ist, krümme die Wirbelsäule in der Taille ein und schwinge dein Becken nach vorn. Dabei hebt das vorn aufgestellte Bein ab.
Nun komme wieder mit dem Oberkörper nach vorn, dabei tritt das vorn aufgestellte Bein wieder auf, das Becken kippt nach hinten,
hebe den Brustkorb an und ziehe den Oberkörper zurück, krümme die Wirbelsäule ab Taille und schwinge dein Becken nach vorn (das Bein hebt ab),
komme mit dem Oberkörper wieder nach vorn (dabei schwingt das Becken automatisch zurück und das nach vorn gestellt Bein tritt auf) usw.

Hier noch einmal in der Zusammenfassung:

Grundstellung, stell ein Bein nach vorn ... (das Becken ist nach hinten gekippt)
schiebe deinen Oberkörper nach vorn und hebe den Brustkorb hoch
Schiebe den Oberkörper nach hinten, entspanne den Brustkorb und rolle die Wirbelsäule in der Taille ab.
Die Spannung setzt sich fort in dein Gesäß, während du etwas in die Knie gehst und dein zurückgezogenes Becken nach vorn schwingst.
Beim 'Nach oben- und zurück rollen' des Beckens schiebst du automatisch deinen Oberkörper ein wenig nach vorn, anschließend hebst du den Brustkorb hoch und rollst ihn nach hinten wieder ab usw.

Kamelgang

'Bauchtanzfiguren'

Zum Ausprobieren der Bauchtanzmeditation sind folgende unterschiedliche 'Bauchtanzfiguren' in kurzen, ca. 3 Min. dauernden Tänzen, die sich jeweils auf eine einzige Grundbewegung beziehen, zusammengefaßt. Nach einem absolvierten Grundkurs kann man bereits damit etwas anfangen.

Wegen der besonderen Eigenschaft der Bauchtanzmusik, Gefühle (Energie/Schwingung) im Verlaufe des Musikstücks zu verwandeln, versuche bei negativen Stimmungen die wie folgt angegebenen einfachen Tänze nach entsprechender Musik. Versuche Gefühle umzuwandeln durch Hineinsteigern in Gefühl, Rhythmus und Bewegung (zar -Prinzip) nach folgender Zuordnung von Gefühlen, Tänzen und Farben:

Ausgangsstimmung (-frequenz)	Ausgleichsschwingung (-frequenz)	'gesehene Farbe' (Frequenz)
Müdigkeit/Mattigkeit	Derwischdrehung nach links	schwarz (zeigt vernachlässigten KA an)
Trauer/Kraftlosigkeit	Drop/Schritt-Schwung/Schritt-Tanz	grün
Gefühl von Auswegslosigkeit und Verzweiflung	Drop-/Twist-/Bauch-schwapp-Tanz	gelb
Haß/ 'Genervtsein', Streß	Schiebetanz	rot
innere Unruhe/Angst	Shimmy/Pendel/Kippen-Tanz	blau
Unlust/innerer Widerstand	'Kreise'-Tanz	lila
übertriebene Schuldgefühle	Grundschritt-Tanz	orange
Minderwertigkeitsgefühle	Pendeltanz	indigo
Aggression, Wut	Bauchtanz mit wechselnden Figuren	weiß

Falls du dir über deine Gefühle nicht klar werden kannst, mache die 'Mitte-Meditation' und gehe bei der Auswahl des Tanzes von der 'gesehenen Farbe' aus.

Besinne dich auf das Gefühl, das in dir ist, lege eine dieser Stimmung entsprechende Bauchtanzmusikkassette ein und steigere dich mit ganz einfachen Bewegungen oder sogar ein und derselben Bewegung in Rhythmus und Gefühl solange hinein, bis Entspannung eintritt, das heißt, bis das unangenehme Gefühl verschwindet.

Für in Meditation geübte Personen wird beim Versenken in Rhythmus und Gefühl und dadurch Loslassen von Angst, dies Gefühl in ein Bild umgewandelt; das, was sie in dem Bild sehen, sind die Absichten, die hinter dem Gefühl stehen.

Sollten die unangenehmen Gefühle nicht vergehen, begebe man sich zusätzlich in die KA-Meditation. Achtung: bei der Umwandlung negativer Emotionen kann es u. U. ein 'Krimi' sein, der vor dem inneren Auge abläuft.

Sofern aber Entspannung eintritt, braucht einen das nicht zu beunruhigen, denn 'Gefahr erkannt, heißt: Gefahr gebannt'. Am 'inneren Rückzugsort' ist man unangreifbar und kann es sogar mit jedem Gegner aufnehmen, indem man ihn mittels kreativer Visualisierung besiegt. Aber auch hierbei gilt, besiegt ist der Gegner tatsächlich nur, wenn auch das unangenehme Gefühl (Schmerz) verschwindet.

ÜBUNGSTÄNZE:

Hüftschieben

Hüftschieben

Aus der Bauchtanzgrundhaltung heraus die Beine etwas mehr
zusammenstellen und einfach nach rechts und links in den Hüften wiegen,
genauer: das Becken parallel zum Boden nach rechts und zurück über die
Mitte hinaus nach links schieben. Die Knie sind fast gerade und werden still
gehalten. Der Oberkörper bewegt sich nicht mit. Das Gesäß ist angespannt.
Die Aufmerksamkeit gilt den Innenseiten der Oberschenkel und den
Außenseiten der jeweiligen Hüfte. Besser ist es jedoch, sich auf seine
Gebärmutter zu konzentrieren und diese von rechts nach links und zurück
zu schieben.

SCHIEBETANZ Verbinde die Musik (z.B. MC von Raja 'Journey into Rhythm',
das 1. Stück der Seite 2) mit folgenden Tanzfiguren:

Schieben im Grundrhythmus und dabei die Arme hochhalten,

Schieben mit einzelnen Armkreisen (einen Arm vor der Brust nach unten führen, zur Seite und wieder nach oben führen),
Schieben mit Armkreisen beider Arme (beide Arme gleichzeitig nach unten führen, auseinander zur jeweiligen Seite und wieder nach oben führen),
Schieben mit Armhaltung 'hoch/seit' und dabei einseitig in Richtung des seitwärts ausgestreckten Arms zur Seite schreiten,
stehen, und einseitiges Schieben mit Armhaltung 'hoch/seit' (Bild) und jeweils einen Handkreis beim ausgestreckten Arm,
Schieben und Arme vor der Brust kreuzen (Bild),
Schieben und Armkreise beider Arme und dabei umdrehen (z.B. rechten Fuß in einem Halbkreis von 180 Grad nach hinten geführt neben den linken Fuß stellen), weiter schieben und zurück umdrehen
Achtung: das Schieben während der Armbewegungen nicht unterbrechen

Probiere eine Schiebetanzmeditation bei negativen Gefühlen wie Haß, schlechter Laune, Streß.

Grundschritt

1. elegant, auf flachem Fuß: Setze einen Fuß direkt vor den anderen (Knie leicht gebeugt) und drehe dabei die Hüfte des jeweils vorwärts schreitenden Beines nach innen zur Körpermitte. Schreite auf diese Weise langsam und mit kleinen Schritten durch den Raum. Um das richtige Gefühl für das Schwerkraftzentrums tief im Becken zu bekommen, nimm eine zusammengefaltete Decke oder ein Kissen und balanciere dies während des Schreitens auf dem Kopf.
2. frech, auf dem Fußballen: Setze einen Fuß vor den anderen (Knie leicht gebeugt) und drehe dabei die Hüfte des vorwärts schreitenden Beines leicht nach innen zur Körpermitte, wie eben. Schreite auf diese Weise schneller und mit kleinen Schritten durch den Raum.
3. fröhlich, mit Hüpfer: Setze einen Fuß vor den anderen und hüpfe mit jedem Bein einmal, während du den anderen Fuß nach vorn setzt, dieser hängt während des Hüpfens in der Luft. (erinnere dich daran, wie du als kleines Mädchen gehüpft bist). Durchquere auf diese Weise den Raum.

Versuche einen Grundschritt-Tanz (z.B. nach der MC 'Orientalischer Bauchtanz' von Karkutli, Seite B, 1. Stück,) indem du die drei Grundschrittvariationen selbst auf die Musik und den Rhythmus setzt.

Grundschritt langsam auf flachem Fuß und Armschieben in Kopfhöhe (im gleichen Rhythmus).
Grundschritt schnell auf Zehenspitzen mit Sonnenballarmhaltung, Hüpfen und dabei Arme in Hüfthöhe parallel langsam zur Seite schwenken und wieder zurück, mit Handgelenkführung
zwischendurch stehen bleiben und als Akzent mit den Schultern pendeln

Probiere eine Grundschritt-Tanzmeditation bei Gefühlen wie: übertriebene Schuldgefühle, Depressionen

Hüft-Drop

Vergegenwärtige dir die Bauchtanzgrundhaltung, aber das Gesäß locker lassen.
Der Oberkörper ist aufrecht bis leicht zurückgelehnt und vor allem wird er ruhig gehalten, Blick geradeaus. Die Bewegung erfolgt nur in der Hüfte. Konzentration auf das Standbein, da liegt das Gewicht, hier wird das Gleichgewicht gehalten, Knie sind leicht gebeugt auch im Standbein. Den Fuß des Spielbeins etwas nach vorn stellen und nun die Hüfte des Spielbeins anheben und fallen lassen (englisch: to drop), die Betonung liegt auf 'fallen lassen'.

DROP-TANZ: (z.B. nach Musik auf der MC 'Firuze Sultan', das 1. Stück, wenn du die Einleitung wegläßt)

mehrere Hüftdrop einseitig vorn, Sonnenballarmpose (Bild)
dann mehrere Hüftdrop einseitig hinten, dabei den Unterarm der Hüftdrop-Seite parallel vor den Oberkörper halten, den Kopf umwenden und über die Schulter auf das Gesäß blicken,
Hüftdrop einseitig mit Fußkick jeweils beim 2. Drop (beim Fallenlassen der Hüfte mit dem Fuß etwas abheben und in Richtung Standbein ausrutschen, als ob man einen Ball mit der Fußspitze ankickt), Sonnenballarmpose
Hüftdrop mit Fußkick jeweils beim 2. Drop, Sonnenballarmpose und Handkreis beider Hände ebenfalls jeweils beim 2. Drop
Hüftdrop mit Fußkick und mit jedem 2. Drop ein wenig um die Achse des Standbeins drehen, Sonnenballarmpose
zwischendurch das Gewicht verlagern und mit der anderen Seite 'droppen'

Probiere eine Hüftdrop-Tanzmeditation bei negativen Gefühlen wie: Ausweglosigkeit und Verzweiflung.

Hüftdrop

Bauchschwappen

Vergegenwärtige dir die Bauchtanzgrundhaltung, aber das Gesäß locker
lassen.

Das Bauch- bzw. Beckenschwappen besteht aus dem Hochziehen des
Bauches. Wer Schwierigkeiten damit hat, kombiniere das Schwappen mit
dem Atemrhythmus: Stell dir vor dein Becken hat Augen: "Zieh das Becken
ruckartig hoch, so daß die "Augen" auf Deinem Becken nach oben gucken
und atme dabei aus. Dann laß das Becken fallen und atme dabei ein. ... Übe
dies eine Weile und laß diese Bewegung sich immer schneller entwickeln."[92]

Bauchschwapp-Tanz (Musik: z.B. das letzte Stück der B-Seite auf der MC:
'Kouhail', von Hossam Ramzy, die Einleitung eignet sich für Achten und
Schleifen)

kombiniere Bauchschwappen mit der Hüftacht nach außen und
abwechselnder hoch/seit Armhaltung
wechsle zwischendurch zum Hüftdrop und zum Twist

Twist

Nimm die Bauchtanzgrundhaltung ein; Sonnenballarmposition (Bild) oder Hände an der Hüfte offen.

Aus der Grundstellung heraus die linke Hüfte nach vorn zur Bauchmitte hin drehen;
wieder zurückdrehen und dabei automatisch die rechte Hüfte zur Bauchmitte hin drehen.

Dieses Hin- und Herdrehen der Hüften erst langsam probieren, dann schneller werden lassen.

Achtung: Es drehen sich nur die Hüften zur Bauchmitte und zurück, der Oberkörper und Schultergürtel bleiben ruhig und in ihrer Ausgangsposition. Die Oberschenkel verdrehen sich parallel mit den Hüften ebenfalls, die Knie werden ruhig gehalten, die Füße stehen fest auf dem Boden.

Füge das Bauchschwappen und das Bauchtwisten bei entsprechender Musik einer Hüftdrop-Tanzmeditation hinzu.
Probiere dabei auch Bauchschwappen und Bauchtwisten mit Gewichtverlagerungen von einem Bein auf das andere, kombiniere auch mit Schritten

Das Pendeln besteht in einer wechselseitigen Auf- und Abbewegung der Hüfte, das dadurch erzeugt wird, daß die gebeugten Knie wechselseitig gerade gemacht werden.

Vergegenwärtige dir die Bauchtanzgrundhaltung: Das Gewicht liegt auf den Fersen und ist auf beiden Beinen gleichmäßig verteilt. Das Gesäß und die Oberschenkel werden in mittlerer Spannung gehalten. Die Knie sind tiefer gebeugt. Das Pendeln kommt durch das Strecken des jeweiligen Knies zustande (Achtung: Knie nicht mit einem Ruck durchdrücken, sondern nur soviel, daß sich die Hüfte nach oben bewegt). Die Aufmerksamkeit gilt Beinen und Gesäß. Übe, bis du erst langsam, dann immer schneller entspannt pendeln kannst.

ARABISCHER GRUNDSCHRITT

1. Schritt: Aus der Bauchtanzgrundhaltung heraus, Hände auf den Hüften, Ellenbogen seitwärts abstehend, mache mit dem rechten Fuß einen kleinen Schritt nach vorn, verlagere das Körpergewicht auf den rechten Fuß und hebe dabei den linken Fuß hoch und stelle ihn wieder auf, ohne einen Schritt zu tun, verlagere nun das Körpergewicht wieder auf den linken Fuß und hebe dabei den rechten vorderen Fuß kurz ab und stelle ihn wieder auf und verlagere das Körpergewicht wieder auf den rechten Fuß. 2. Schritt: Jetzt setze den linken hinteren Fuß einen Schritt vor den rechten Fuß, verlagere das Körpergewicht auf den linken, nun vorderen Fuß und hebe dabei den rechten Fuß hoch und stelle ihn wieder auf, ohne einen Schritt zu tun, verlagere das Körpergewicht wieder auf den rechten Fuß und hebe dabei den linken vorderen Fuß kurz ab und stelle ihn wieder auf und verlagere das Körpergewicht wieder auf den linken Fuß. Jetzt setze den rechten hinteren Fuß einen Schritt vor den linken Fuß, verlagere das Körpergewicht ... usw. siehe oben.

Kurz zusammengefaßt:
1. Schritt: Rechts macht einen kleinen Schritt nach vorn, Links hebt ab und stellt sich wieder hin, Rechts hebt ab und stellt sich wieder hin;
2. Schritt: Links macht einen kleinen Schritt vor den rechten Fuß, Rechts hebt ab und stellt sich wieder hin, Links hebt ab und stellt sich wieder hin;
3. Schritt wie 1. Schritt, 4. Schritt wie 2. Schritt usw.

Durchquere auf diese Weise den Raum.

Kombiniere den arabischen Grundschritt z.B. mit:
Hüftpendel. Dabei macht jeweils das Bein, auf dem das Körpergewicht liegt, einen Pendel. Die Armposition ist hoch/seit mit Seitenwechsel: je nach dem, welcher Fuß vorn ist, dieser Arm zeigt auch zur Seite

BECKENWELLE im arabischen Grundschritt, Arme seit/seit (Hände an den Hüften offen):
Vergegenwärtige dir das Beckenkippen. Während du den ersten Fuß nach vorn ausstreckst, kippe das Becken nach hinten, Gewicht ist noch auf dem hinteren Fuß. Beim Aufstellen des vorderen Fußes schwinge bzw. kippe das Becken aus der nach hinten gekippten Stellung über die Mitte hinaus nach vorn zusammen mit dem Gewicht verlagern nach vorn. Mit dem Gewicht verlagern nach hinten, kippe das Becken nach hinten, mit dem Gewicht verlagern nach vorn, schwinge es nach vorn. Es ergeben sich im arabischen Grundschritt zwei Beckenwellen pro Schritt.

EINSEITIG VORWÄRTS SCHREITEN (NACHZIEHSCHRITT)

Schreite einseitig nach vorn: z.B. der rechte Fuß hebt ab und macht einen Schritt nach vorn, wenn er aufgestellt ist, hebt der linke ab und stellt sich neben den rechten; wieder hebt der rechte ab und macht einen Schritt nach vorn und der linke folgt nach usw..
Kombiniere das einseitige vorwärts Schreiten mit der Beckenwelle (Armposition z.B. hoch/seit, wobei der Arm des vorwärts schreitenden Beines zur Seite zeigt).

PENDEL-TANZ (z.B. nach Musik von Tamami Sözlü, MC 'Pop Arabic 92', Titel: Meyyal Meyyal)

Hüftpendel abwechselnd rechts 2 mal und links 2 mal und dazu die Arme parallel in Hüfthöhe schwenken (Bild)
Hüftpendel und dabei vorwärts laufen auf flachem Fuß, Arme öffnen
Hüftpendel und dabei rückwärts laufen auf Zehenspitzen, Arme schließen
Hüftpendel auf Zehenspitzen und gleichzeitig weiter in die Knie gehen, Arme unten schließen

Hüftpendel auf Zehenspitzen und dabei den Körper nach oben strecken, Arme oben schließen

Hüftpendel und dabei um die eigene Achse laufen, Hände vor der Brust schließen

Hüftpendel im Rhythmus schnell und im Stehen, dabei Arme mit Handgelenkführung langsam parallel von einer Seite zur anderen in Hüfthöhe schwenken

Beckenwelle im arabischen Grundschritt, Hände an den Hüften halten (Musik z.B. der langsame Teil von 'Meyyal Meyyal')

als Akzent: stehen und mit den Schultern pendeln

Probiere eine Pendel-Tanzmeditation bei Minderwertigkeitsgefühlen.

Pendel

großer Kreis (Sonnenkreis)

Kreise

Das Bauch/bzw. Beckenkreisen besteht aus einer Kombination von Hüftschieben und Beckenkippen. Der kleine Kreis (Mondkreis) beginnt aus der Bauchtanzgrundhaltung heraus mit dem Hüftschieben z.B. nach rechts, dem Beckenkippen nach vorn, dem Hüftschieben nach links und dem Beckenkippen nach hinten; und wieder rechts, vor, links, hinten usw., dabei wird das ganze in einer weichen Linie fließend miteinander verbunden. Der Oberkörper bleibt ruhig stehen, Knie bleiben leicht gebeugt, es bewegt sich nur das Becken ab Taille.

Der große Kreis (Sonnenkreis) wird mit größerem Abstand zwischen den Füßen ausgeführt (Bild)

Beim 'Hüftkreisen horizontal' wird das Gewicht auf das eine Bein verlagert und die andere Hüfte führt isoliert einen kleinen Kreis nach außen aus, also Gewicht links, rechte Hüfte kreist nach vorn, nach rechts, nach hinten und zum Ausgangspunkt; Gewicht verlagern und die andere Hüfte kreisen lassen.

Kreise-Tanz (z.B. nach der Musik des Finale der MC 'Caravans' von Mike Batt) Verbinde die Musik nach der Einleitung mit:

- Mondkreise und Handkreise (halte beide Arme nach oben gestreckt und führe sie während der Mondkreise mit Handkreisen herunter zu den Hüften, unten angelangt, strecke sie wieder nach oben und wiederhole die Armbewegung),
- Mondkreise um die eigene Achse und Armhaltung 'Hüfte/seit',
- ein Sonnenkreis langsam, als Akzent
- zwischendurch das Kreisen abwechseln mit Hüftschieben und Hüftdrop,
- und oben abwechseln mit Brustkorbschieben und Schulterpendel je nach Rhythmus

Probiere eine Kreise-Tanzmeditation bei negativen Gefühlen wie: Unlust, innerer Widerstand.

Shimmy /Kippen /seitwärts Gehen (Nachziehschritt)

SHIMMY
Werde mit dem Pendeln schnell und schneller, so gehst du automatisch in
den Shimmy (Zittern) über, wenn du alle Muskeln unterhalb der Taille
locker läßt, besonders die Gesäßmuskeln.
Die Aufmerksamkeit gilt Bauch und Gesäß.

Zittern (Bild) läßt es sich auch aus schnellem Beckenkippen, -schwappen
und schnellem Hüfttwisten heraus. Es entsteht jedesmal eine andere
Shimmyvariation.

KIPPEN

Vergegenwärtige dir noch einmal genau die Bauchtanzgrundhaltung. Vergewissere dich, daß du gut in den Knien gebeugt bist. Aus dieser Haltung heraus kippe dein Becken nach hinten und zurück zur Mitte. Die Betonung liegt auf 'nach hinten'. Konzentriere dich dabei auf den Beckenboden bzw. eine Stelle am Ende der Rundung deines Gesäßes, schiebe diese Stelle im Rhythmus nach hinten heraus und zurück.

SEITWÄRTS GEHEN (NACHZIEHSCHRITT)

Aus der Bauchtanzgrundhaltung heraus stelle einen Fuß einen kleinen Schritt zur Seite, ohne seine Richtung zu ändern und ziehe den anderen nach: also z.b. rechten Fuß nach rechts, wenn er aufgestellt ist, hebt der linke Fuß ab und stellt sich neben den rechten, die Grundhaltung des Körpers ist dieselbe wie zuvor; Armposition z.b. Hüfte/seit wobei der Arm entsprechend der Schrittrichtung zur Seite zeigt. Stelle nun wieder den rechten Fuß einen kleinen Schritt nach rechts und laß den linken nachfolgen usw.: Gehe im Takt 8 x zur Seite und wieder zurück, 4 x zur Seite und zurück, 2 x zur Seite und zurück.
Kombiniere das 'seitwärts Gehen' mit Hüft-Pendel, Hüft-Shimmy und Beckenkippen (2 x kippen auf einen Seitwärtsschritt). Beim Shimmy zittert nur die Hüfte des seitwärts schreitenden Beines beim Aufstellen des Fußes. Kombiniere auch mit Brustkorbkreisen, Hüftschieben.

SHIMMY/KIPPEN/PENDEL-TANZ
(Musik: z.B. das 4. Stück auf der B-Seite der MC 'Belly dance' mit Warda & Abdel Halim Hafez von Daniel der Sahakian)

Beckenkippen im Rhythmus mit wechselnden Armhaltungen (z.B. langsam Arme mit Handgelenkführung vor der Brust schließen und öffnen, nach oben und unten schließen, in Hüfthöhe parallel zur Seite und zurück schwenken)
Beckenkippen und dabei seitwärts gehen, Armhaltung 'Hüfte/ Hüfte' (Fingerspitzen liegen auf der Hüfte auf, Ellenbogen stehen seitwärts ab)
Beckenkippen und dabei vorwärts gehen, Armhaltung 'Hüfte/ Hüfte'
Beckenkippen im Rhythmus und dabei rückwärts gehen, Armhaltung 'Hüfte/Hüfte'

zwischendurch je nach Rhythmus: Hüftpendel und Hüftshimmy im Stehen, Arme locker hängen lassen

Probiere eine Shimmy/ Kippen/ Pendel-Tanzmeditation bei innerer Unruhe, Angstzuständen.

Beckenkippen

Shakti Morgane

88

Schwung-Schritt/Drop-Schritt

Hüftschwung:
Aus der Bauchtanzgrundhaltung heraus verlagere dein Gewicht auf einen Fuß und setze den anderen ein kleines Stück nach vorn und hebe dessen Ferse an. Laß das Gewicht auf dem hinteren Fuß und mache für einen Moment das gebeugte Knie des vorn aufgestellten Fußes gerade, die Hüfte des vorderen Beines wird dadurch einen Moment nach vorn und oben gedrückt. "Stell Dir ... vor, Du wolltest mit der ... Hüfte einen Pingpongball wegschlagen."[93]

Hüftschwung/Schritt-Hüftdrop/Schritt: mache einen Hüftschwung z.B. rechts, rechter Fuß macht dann einen kleinen Schritt nach vorn, wird abgestellt und das Gewicht nach rechts verlagert, nun Hüftdrop 1x links, linker Fuß macht danach einen kleinen Schritt nach vorn, wird abgestellt und das Gewicht nach links verlagert, nun wieder Hüftschwung rechts usw.,
Arme: Sonnenballarmposition und bei Schwung rechts, rechten Unterarm einseitig zur Mitte vor den Brustkorb klappen, bei Drop links, rechten Unterarm einseitig rechts wieder zurück klappen. Bei Schwung rechts außerdem über die Schulter auf die rechte Hüfte schauen. Mache das ganze auch mit dem anderen Bein: Hüftschwung links, Schritt links; Hüftdrop rechts, Schritt rechts.

Schwung-Schritt/Drop-Schritt-TANZ:
(Musik hierzu: z.B. das 1. Stück auf der A-Seite der MC 'Belly dance' mit Warda & Abdel Halim Hafez von Daniel der Sahakian)

- Schwung-Schritt/Drop-Schritt mit der Armhaltung wie oben angegeben,
- Schwung-Schritt/Schwung-Schritt mit wechselnder 'hoch/seit Arm-haltung' und dabei nach rückwärts gehen,
- Drop-Schritt/Drop-Schritt und dabei vorwärts gehen, beide Hände zeigen jeweils zur Drop-Seite
- stehen, einen Drop rechts und Halbkreis nach rechts hinten beginnend anschließen,
- Drop links und Halbkreis nach links hinten beginnend anschliessen
Probiere eine Schwung-Schritt/Drop-Schritt-Tanzmeditation bei negativen Gefühlen wie Trauer und Kraftlosigkeit.

Achten / Schleifen
HÜFTACHT
Nimm als Musik z.B. ein langsames Flöten-takasim beliebiger sharki
Man unterscheidet die liegende Hüftacht nach innen und die liegende
Hüftacht nach außen sowie die stehende Hüftacht (auch Schleife genannt)
nach innen und außen.

liegende ACHT NACH INNEN:
- stell dir eine vor dir auf dem Boden gemalte liegende Acht vor (Unendlichkeitszeichen in der Mathematik)
- fange mit der rechten Hüfte an, die rechte Schleife der Acht
nachzuziehen: also rechte Hüfte nach hinten drehen, nach außen schieben,
nach vorn und zurück nach innen drehen
- wenn du in der Mitte, in der Taille der Acht angekommen bist, übernimmt
die linke Hüfte die linke Schleife der Acht ebenso: also linke Hüfte nach
hinten drehen und nach außen schieben, nach vorn und zurück nach innen
drehen; dann übernimmt wieder die rechte Hüfte usw.

liegende ACHT NACH AUSSEN (Bild):
- stell dir die gleiche auf dem Boden gemalte liegende Acht vor oder lege
dir einen Schal in Form einer Acht auf den Boden vor dich hin
- fange nun an, den rechten Bogen der Acht mit der Hüfte nachzuziehen,
indem du die rechte Schleife nach vorn und außen und zurück, nach hinten
und innen, mit der Hüfte beschreibst
- wieder in der Taille der Acht angekommen übernimmt die linke Hüfte die
linke Schleife ebenso: also erst nach vorn und außen, dann nach hinten
und innen bis zur Taille (Mitte der Acht) usw.

stehende Acht nach innen (SCHLEIFE NACH INNEN):
Gewicht liegt auf dem rechten Bein
- rechte Hüfte heraus schieben,
- rechte Ferse abheben und dabei die rechte Hüfte nach oben drücken
- Gewicht nach links verlagern
- linke Hüfte heraus schieben,
- linke Ferse abheben und dabei die linke Hüfte nach oben drücken
- Gewicht nach rechts verlagern usw.

stehende Acht nach außen (SCHLEIFE NACH AUSSEN):
Gewicht liegt auf dem rechten Bein

- rechte Ferse abheben und dabei die rechte Hüfte nach oben drücken und nach außen schieben
- Gewicht nach links verlagern
- linke Ferse abheben und dabei die linke Hüfte nach oben drücken und nach außen schieben
- Gewicht nach rechts verlagern usw.

Versuche die stehenden Achten auch auf flachem Fuß, ohne die Fersen abzuheben, sondern, indem du statt dessen die gut gebeugten Knie wechselseitig streckst.

Acht nach außen

Bauchtanz mit abwechselnden Bewegungen

Folgender Choreographie-Vorschlag (nach Musik von der MC 'Belly dance' mit Warda & Abdel Halim Hafez, das 5. Stück auf der 2. Seite) verdeutlicht wie sich die Bauchtanzmusik entsprechend alten, von der einen Generation an die nächste, mündlich überlieferten Geschichten formt, bei der ein

Erzähler, ein zweiter und dritter die Geschichte erzählen (z.B. Motiv 1, 2, 3), während die Alten im Chor bestätigend wiederholen. Die Struktur der Geschichte ist jedoch arabesk, das heißt, wir erkennen eine Symmetrie, die von einer übergreifenden durchbrochen wird.

musikalische Ausformung der Geschichte	mögliche Tanzbewegungen
Die Musik beginnt im *upbeat* , wir beginnen mit:	Beckenkippen,
Die Musik ändert sich geringfügig, dadurch kündigt sich ein *Übergang* an, wir ändern ebenfall die Bewegung, indem wir übergehen zum:	Hüfttwisten,
Auf den Übergang 1 folgt *Motiv 1* (Rede) und wird mehrmals wiederholt, wir reagieren entsprechend mit:	*Hüftpendeln im arabischen Grundschritt*
Motiv 2 (Gegenrede) antwortet und wird mehrmals wiederholt, wir ändern ebenfalls in:	*Beckenwellen im Stehen (oder Kamel)*
Motiv 3 (Erwiderung) schließt den ersten Dialog ab,	*Shimmy mit Schlangenarmen im Stehen*
wir ändern unsere Bewegung entsprechend, indem wir einen abschließenden Akzent anfügen. Das ganze wird wieder mehrmals wiederholt:	und *Hüftpendeln im Stehen* als Akzent, (alles zusammen mehrmals wiederholen)
Die Musik ändert sich wieder und kündigt etwas Neues an: *Übergang 2* , der von uns ebenfalls einen Bewegungswechsel erfordert, wir formen aus mit:	Beckenkippen
Die übergreifende Symmetrie kommt nun z.B. in einem langsamen *Flöten-takasim* zur Geltung. Wir gehen über zu:	Mondkreise und Handkreise,
Dann gehen wir in: über,	Mondkreise und 'um die eigene Achse drehen'
wechseln zu:	Achten im Stehen
und anschließend zu:	Schleifen im Stehen (Bild)
Die Spannung steigert sich zum *Höhepunkt*, wir wechseln zu:	Hüftkreisen horizontal, abwechselnd rechts und links
Die Musik wird schneller und kündigt durch Rhythmuswechsel gleichzeitig das *Ende der eingeschobenen Symmetrie* an, wir formen ihn aus durch:	halbe Mondkreise nach hinten (mehrmals) und halbe Mondkreise nach vorn (mehrmals), anschließend eine Drehung als Akzent
Jetzt *wiederholen* sich *Motiv 1,2,3* und wir können ebenfalls die	o.a. Bewegungen (kursiv) wiederholen.
Das über die gewohnte Anzahl hinausgehende Wiederholen von *Motiv 3* kündigt den Abschluß an. Wir tanzen also:	*Shimmy mit Schlangenarmen im Stehen und Hüftpendel im Stehen als Akzent* (so oft wie erforderlich)
Dann setzen wir auf den erwarteten *Schluß* der Musik:	einen kraftvollen Hüftschwung zur Seite als Akzent

Versuche ein solches musikalisches Muster (mit Abweichungen, versteht sich) auch in anderen sharki wiederzuerkennen.
Kreiere dir dazu deinen eigenen Bauchtanz.

Probiere einen 'Bauchtanz mit abwechselnden Bewegungen' als Tanzmeditation zur Gefühlsumwandlung bei negativen Gefühlen wie Aggression, Wut.

Schleife im Stehen

DERWISCHDREHUNG

- Bei der Derwischdrehung stellen wir den linken Fuß auf den Fußballen und laufen mit dem rechten in kleinen Schritten zunächst langsam, dann in größeren Schritten und dadurch immer schneller, nach links, um den linken herum.
- Der linke Fuß dreht und bewegt sich leicht auf und ab elastisch mit, ohne jedoch seine Position zu verlassen.
- Der rechte Arm ist nach oben ausgebreitet, der linke zur Seite gestreckt.
- Der Kopf ist nach links gedreht und wir fixieren während des Drehens mit unserem Blick unablässig die linke Hand.
- Die Aufmerksamkeit (Konzentration, Wahrnehmung) ist auf unsere Füße gerichtet, der Blick auf unsere Hand (fixiere deine Hand mit den Augen und denke dabei an deine Füße, spüre also den Kontakt zum Boden).

Achtung: bei mangelnder Konzentration wird dir leicht schwindlig (versuche dann das Drehen, indem du bei jeder Umdrehung ein und denselben Punkt unmittelbar vor dir im Raum fixierst). Jenen aber, die ihr Herz nicht kennen oder sich gerade in einer Trennungssituation befinden, wird übel.

In diesem Fall höre man sofort auf zu drehen, indem man stillsteht und beide Handflächen in Höhe der Brust zusammenführt und auf die geschlossenen Hände schaut.

Wenn einem übel wird, lege man sich auf eine Decke auf den Boden oder auf ein Bett, mit dem Bauch nach unten, lege die linke Hand etwa in Solarplexushöhe auf die linke Seite und die rechte Hand am Scheitel auf den Kopf. Der Kopf liegt auf der rechten Wange. Ein geschlossener Energiekreislauf im Körper entsteht. In dieser Haltung verbleibe man, bis es einem wieder besser geht, und versuche es einige Zeit später erneut.

Die Derwischdrehung als Tanzmeditation (möglichst nach entsprechender Derwischmusik) stellt ebenfalls die Verbindung zum 'Überdauernden Selbst' im Tänzer her. Wer also in der Realität mit sich identisch ist bzw. in seinen Entscheidungen auf dem richtigen Weg ist, der bekommt ein Gefühl, als könne er die ganze Welt umarmen, eine Mischung aus Freude und Hingabe. Ebenso möchte man sich umgekehrt bei einer Stimmung von Ausgelassenheit und Freude gern auf diese Weise drehen.

Die Derwischdrehung ist ein ausgezeichneter Gleichgewichtstest. Das Drehen, ohne daß es einem schwindlig wird, gelingt in der Regel nur, wenn man im Gleichgewicht ist.

Sobald man sicher im Drehen ist, benutze man die Derwischdrehung immer, wenn man wichtige Entscheidungen treffen mußte, um zu testen, ob man sich im Einklang mit der 'Kraft die ausgleicht' befindet. Das merkt man daran, ob beim Gedanken an das Bild, welches die Entscheidung repräsentiert, die Derwischdrehung leicht geht oder, ob einem schwindlig wird.

Ebenso kann man an Personen denken, die einem wichtig sind, um zu testen, ob man sich mit diesen im Gleichgewicht befindet.

Probiere die Derwischdrehung immer bei Müdigkeit, Mattigkeit im Sinne von 'ausgepowert' sein, um wieder Kraft zu schöpfen und ins Gleichgewicht zu kommen.

Bauchtanzmeditation für Fortgeschrittene

Wir gehen davon aus, daß wir aus dem Gleichgewicht geraten sind und tanzen deshalb Figuren aus, welche die isolierten Bewegungen der oberen und unteren, der rechten und linken Körperseite, des vorderen und hinteren Raumes miteinander verbinden, harmonisieren: z.b. werden Bauch- und Hüftbewegungen mit Schritten und/oder Arm- und Handbewegungen verbunden; Schritte mit Schulterbewegungen; Kopfgleiten mit Kniebeugen bis Kniestand; Oberkörperwellen und Beckenwellen mit Schritten bis zum Kamelgang; Oberkörperwellen mit Kniebeugen bis Kniestand; Schulterpendel und -shimmy mit Drehungen; Schlangenarme mit Shimmy und/oder Ebenenwechsel etc.

Immer sorgt dabei die inzwischen verinnerlichte Bauchtanzgrundhaltung dafür, daß Energie aus der Sonne direkt ins Herz-Chakra gelangt und Energie aus dem Boden direkt ins Wurzel-Chakra, so daß sie auf dem kürzesten Wege, durch das perfekte Gleichgewicht der Wirbelsäule, zu wirken beginnt.

Wir kreieren uns selbst eine 'Bauchtanzmeditation' zur spirituellen Erkenntnis von Gleichgewichtsverhältnissen (zur Klärung von Beziehungen oder um in die Zukunft zu sehen):

Ertanze dir zuerst eine kleine 5 - 8 Minuten dauernde Choreographie nach einer Bauchtanzmusik, die dir gefällt (Typ: sharki). Benutze nun diese Choreographie immer, wenn du z.B. die Absichten zwischen dir und einer Person klären möchtest oder wenn du wissen willst wie ein Problem, das dich betrifft, ausgehen wird.

Beispiel: Du willst das Verhältnis zwischen dir und einer Person (Vorgesetzter, Untergebener, neue Bekanntschaft, Mutter, Vater, Ehepartner, wer auch immer) in einer gegebenen Situation austesten. Du kennst deine Bauchtanz-Choreographie und bist im allgemeinen sicher in ihren Bewegungen. Jetzt konzentrierst du dich auf die in Frage kommende Person und tanzt deine Choreographie aus, das heißt, du tanzt im Geiste für diese Person. Was geschieht? Geht der Tanz wie von allein und macht Spaß oder fällt er dir schwer und du hast nach einer Weile plötzlich keine Lust mehr zu tanzen? Im ersten Fall bist du im Gleichgewicht mit dieser Person im zweiten Fall liegt ein Ungleichgewicht vor und du mußt u.U. deine Absichten ändern bzw. aufgeben, um wieder ins Gleichgewicht zu kommen.

Genauso gehst du vor, wenn du wissen willst wie sich ein Problem für dich darstellt, etwa wie die Chancen z.B. bei einer erfolgten Prüfung oder

Bewerbung für dich stehen: nimm deine Choreographie, überlaß dich der Musik mit der Frage zu deinem Problem im Herzen und tanze und siehe was geschieht ...

Beim Aufbau eines Tanzes sollte folgende Faustregel beachtet werden: Folge dem Muster des Musikstücks. Wenn die Musik (Rhythmus oder Melodie) wechselt, sollen auch die Tanzbewegungen wechseln. Setze auf Schnörkel der Musik ebenfalls Akzente.

- Für temperamentvolle, dynamische, schnelle Musikteile benutze die kraftvollen Bewegungen wie Pendel, Drop, Schwappen, Kippen, Schwung, Shimmy.

- Für fließende, dynamische, schnelle Musikteile benutze Drehungen und Laufschritte.

- Für akzentuierte, langsamere Musikteile benutze Kombinationen der kraftvollen Bewegungen, unterbrochen von Kreis, Welle, Acht oder Drehung als Akzent.

- Für fließende, langsame, lyrische Musikteile wie beim takasim bzw. cifte telli benutze Kombinationen der weichen Bewegungen wie Achten, Kreise, Wellen, unterbrochen von Drehungen und Schritten oder ggf. unterbrochen von einer kraftvollen Bewegung wie Pendel, Schwung, Drop etc. als Akzent.

Verdeutlichen wir noch einmal die Botschaft dieses Buches: Orientalischer Tanz ist Schöpfungstanz, aber nur, wenn er in einer bestimmten Weise getanzt wird. Dann dient er zur Umwandlung von negativen Emotionen, das heißt, zur seelischen Hygiene und damit zur Verjüngung und Schönheit. Um ihn als Schöpfungstanz zu tanzen, muß man 'loslassen' (sich z.B. dem Rhythmus öffnen und entspannen) können. Beim Erwerb dieser Fähigkeit helfen uns zivilisierten Mitteleuropäerinnen Übungen in Meditation. Dann werden auch wir allmählich in die Lage kommen, beim Tanz 'Maat', wie die alten Ägypter es nannten, zu verwirklichen.

An diese Aufgabe erinnernd, folgt eine Tanzroutine (Show-Tanz) traditionell dem Schema der alten Schöpfungsgeschichte aus den Ekstase-Kulten:

	Schema:	Ausformung	Musik. Umsetzung	Schöpfungsgeschichte
1.	Pol (Geschichte/ Musikstück 1)	Kommunikative, harmonische, rhythmische Musik	z.B. Rhythmischer upbeat (Folklore, Pop oder kurzer sharki, dessen Schwingung der Frequenz des Halschakras entspricht)	Die große Göttin tanzt ... wild ..., um sich zu wärmen
2.	Gegenpol (Geschichte/Musikstück 2)	Deutliche Unterbrechung	Ausgiebiges langsames, lyrisches bis dramatisches Instrumentensolo oder Gesang (takasim)	... bis sich ein Wind hinter ihr erhebt ...
3.	Aktion der Pole (Schöpfungsprozeß)	Spannungssteigerung durch Übergang in schneller und komplizierter werdenden Rhythmus und ausagieren bis zum Höhepunkt und	Einsatz weiterer Instrumente bzw. Trommeleinsatz (evtl. Bis Trommelsolo)	... den ergreift sie, es ist die große Schlange, die sich mit ihr paart ... so wird sie schwanger ...
4.	Auflösung der Aktion in einer neuen Harmonie	Abermals ein Übergang zum ende der Aktion und	Rhythmuswechsel und Wiederholung von Anfangssequenzen als Finale	Es bildet sich ein Hügel und ..., die Göttin taucht mit dem Sonnengott zwischen den Hörnern aus den Wellen auf.
5.	Neue Harmonie bzw. Neuer Pol (Geschichte / Musikstück 3)	Es folgt eine andere kommunikative, harmonische rhythmische Musik	s. o. Unter 1.	Ihr Sohn, der Sonnengott, mit der Aufgabe betraut, das Werk der Schöpfung zu erneuern und zu erweitern, tanzt nun ebenfalls
Wie 2.	Neuer Gegenpol (Geschichte/ Musikstück 4)	Usw., (s.o. Unter 2.)	Usw. (s. o. Unter 2.)	... bis sich ein Wind erhebt ... usw.
Usw.	Usw. (neue Aktion)	Usw.	Usw.	... und er zeugt die Göttin 'Maat' ...

Die meisten Tanzroutinen enden mit der Auflösung zur neuen Harmonie (nach 4.). Das ist sinnvoll, wenn mehrere Tänzerinnen, jeweils mit ihrer eigenen Tanzroutine beginnend, hintereinander auftreten. Dann wird der Anfang einer neuen Geschichte jeweils durch eine neue Tänzerin markiert. Falls man jedoch nach selbst gewählter Musik allein auftritt, ist es der Vollständigkeit halber sinnvoll, nach dem Finale noch ein anderes kurzes Musikstück (upbeat bzw. Pop oder Folklore) anzuschließen und dann erst abzutreten, einfach, um den Sinn und Zweck des Ganzen, das Ergebnis des Schöpfungsprozesses: die neue Geschichte, das neue Gleichgewicht ('die

Sonne' bzw. 'Maat'), konsequenter darzustellen. Man beendet dann den Auftritt an der Stelle, an der das nächste takasim einsetzen würde.

Zum Zwecke der Bauchtanzmeditation kreiere dir nun selbst einen:

Tanz des Ausgleichs zur Schöpfung von SELBSTSICHERHEIT / SELBSTVERTRAUEN

Ausgangsstimmung:	Ausweglosigkeit, Bürde, Sorgen, Verzweiflung
Farbe (den BA repräsentierend):	grün (gelb u. blau)
Enge bzw. Chakra:	Hals
Bauchtanzbewegungen:	alle
Stil:	Drop und Twist sowie Shimmy nur als Akzent
Bauchtanzmusik:	Typ sharki; abwechslungsreich fließend, fröhlich und kommunikativ (z.b. 'Belly dance' mit Warda & Abdel Halim Hafez)

Tanz des Ausgleichs zur Schöpfung von SELBSTBEWUSSTSEIN

Ausgangsstimmung:	Innere Unruhe, Ohnmachtsgefühle, Eingeschüchtertsein, Angstzustände, Leere, Einsamkeit, Trauer
Farbe (den BA repräsentierend):	orange (rot u. gelb)
Enge bzw. Chakra:	Zwerchfell
Bauchtanzbewegungen:	alle
Stil:	besonders Kombinationen von Oben und Unten: z.B. Brustkorbschieben plus Hüftshimmy; Beckenschieben mit wechselnden Armposen; Schultershimmy in der Drehung, etc. Schwung, Acht und Kreis nur als Akzent
Bauchtanzmusik:	Typ sharki; abwechslungsreich dynamisch, machtvoll, tempramentvoll bis dramatisch (z.B. wie ‚Belly Dance with Samara' von Setrak Sarkissian oder 'Middle East' von Hassan Abu Seaud)

Tanz des Ausgleichs zur Schöpfung von SELBSTWERT

Ausgangsstimmung:	Ablehnung, Haß, Engstirnigkeit, Rechthaberei, Wut, Protest, (körperliche Schmerzen: z. B. Schwindelgefühle)
Farbe (den BA repräsentierend):	indigo (knallrot und tiefblau)
Enge bzw. Chakra:	Beckenboden
Bauchtanzbewegungen:	alle;
Stil:	Kombinationen der Bauch / Hüftbewegungen untereinander z.b. wie 'Bauchschwappen in der Acht nach außen'
Bauchtanzmusik:	Typ: Folklore; eher monoton aber kraft- bis machtvoll (z.B. wie MC 'Kouhail' von Hossam Ramzy)

Tanz des Ausgleichs zur Schöpfung von SELBSTLOSIGKEIT

Ausgangsstimmung:	Probleme mit solchen Gefühlen, die das Herzzentrum betreffen und die höheren Chakras wie Mitgefühl, Solidarität, Heiterkeit, Selbstsicherheit, Allbewußtsein d.h. Im Negativen: Gefühle von Streß, also 'Genervtsein' und schlechte Laune
Farbe (den BA repräsentierend):	Die hellen Töne von lila (aus: rosa u. Hellblau) sowie grün und gold
Enge bzw. Chakra:	Herzchakra
Bauchtanzbewegungen:	alle
Stil:	Abwechseln zwischen oben und unten, also z.B. Armhaltungen und/ oder Brustkorb- bzw. Schulterbewegungen im Stehen wechseln regelmäßig mit Bauchkippen -, Pendel -, Schwung -, Shimmy -, Wellen im Laufen. Besonders viele Laufschritte und Drehungen
Bauchtanzmusik:	Typ Folklore oder arabischer Pop, eher monoton aber fließend bis zart oder heiter bis schwungvoll (z. B. Wie 'Invitation to Belly dance' von Emad Sayyah oder einfach Derwischdrehung nach Derwischmusik)

Meditations-Bauchtanz-Session

Und hier nun die MEDITATIONS-BAUCHTANZ-SESSION, die dir hilft, mit zu schwingen mit der Kraft, die ausgleicht!

Mit Hilfe der 'Mitte-Meditation' (Frequenz des Gleichgewichts sehen) verwandeln wir unsere Stimmung in die Farbe des Ausgleichs.

1. Mitte-Meditation

Da es sich um die Farbe des Ausgleichs zur momentanen Stimmung aus der heraus die Meditation gemacht wird handelt, wird dieser Ausgleich dadurch, daß wir ihn bewußt als Konsistenz (z.B. farbiges Licht) wahrnehmen schon eingeleitet.

Sieht jemand beispielsweise intensives Indigo, so wird er im Gegensatz dazu sich in einer Situation befinden, in der er mit der Realität keinen Kontakt hat, das Leben möglicherweise als unwirklich oder schwierig empfindet und sich selbst als Schauspieler, der unter Minderwertigkeitskomplexen leidet.

Indem man sich in die Farbe des Ausgleichs (bzw. Gleichgewichts) mittels der Vorstellungskraft vertieft, werden Frequenzen des Ausgleichs im Körper hervorgerufen, die, da sie Schwingungen sind, auch die Stimmung, die ebenfalls Schwingung ist, beeinflussen.

2. Tanz des Ausgleichs

Wenn wir diesen mittels der Vorstellungskraft hervorgerufenen veränderten Schwingungszustand nun noch zusätzlich verstärken, in dem wir aktiv mit dem Körper mitschwingen, weil wir uns in den entsprechenden Rhythmus versenken, das heißt, zusätzlich zur Meditation den 'Tanz des Ausgleichs' tanzen, können wir mit dem Körper über den Tanz des Ausgleichs diesen Ausgleich auch in der Realität herbeiführen. Was bewirkt, daß wir eine entsprechend andere Stimmung bekommen und uns entspannen können.

(Für Zweifler! Sicher, Musik wirkt sowieso immer auf die Stimmung ein und ändert sie. Dies muß aber nicht notwendig eine Änderung unserer Realität bedeuten. Wichtig ist, daß unser Bewußtsein beteiligt ist, denn wir ändern die Realität nur durch unser Bewußtsein: Die bewußte Absicht zusammen mit der Tatsache, daß die Angelegenheit gerecht ist, genügen, um den Ausgleich zu bewirken.)

Rekapitulieren wir: Zur Umwandlung des Gefühls mit Bewußtseins-beteiligung und damit Herstellung des Gleichgewichts auch in der Außenwelt begebe man sich zuerst in die Mitte-Meditation und tanze anschließend den entsprechenden Bauchtanz zur Gefühlsumwandlung, wobei man sich noch als zusätzliches Hilfsmittel zur bewußten Wahrnehmung der Ausgleichsfarbe (Tätigkeitsfeld des BA) einen entsprechenden Ausgleichsduft im Raum ausbreiten lassen kann, um den KA einzustimmen.
Auf diese Weise wird der Körper zum Tempel des Geistes und Bauchtanz wird Göttinnendienst, da wir Tiernatur in Schöpfungskraft umwandeln.

Hüftschwung

AUSFÜHRUNG:

- 'Mitte-Meditation', z.B. im Fersensitz
Wir erkennen die Farbe des Ausgleichs und lassen sie sich im Körper ausbreiten. Unser BA tritt in Aktion. Sollte dies uns anstrengen gehen wir anschließend mit unserem Körper in die

- Wiedergeburtsstellung
Dies ist die Yogaübung zur Entspannung (von S. 59)
Verharren, solange man mag. Anschließend im Liegen bequem und in einer Stellung je nach Wunsch auf dem Sofa oder Bett

- ausruhen
An diesem Punkt wird uns in der Regel der 'Widerstand', der bei der Gefühlsumwandlung zu überwinden ist, bemerkbar. Unser KA tritt in Aktion. Wir spüren diesen 'Widerstand' als Unlust überhaupt weiter zu machen. Wir geben dem nach. Wir ruhen uns also, unseren Widerstand zur Kenntnis nehmend noch ein wenig länger aus, solange, bis wir spüren, daß wir nun bereit sind den Bauchtanz zum Ausgleich zu tanzen, wenngleich wir auch noch nicht direkt die Lust dazu verspüren, aber dennoch schon genügend Kraft dafür haben.

- Ausgleichstanz entsprechend der gesehenen Farbe (siehe oben)
Wir steigern uns mit den Bauchtanzbewegungen langsam in den Rhythmus des Ausgleichstanzes hinein. Zuerst werden wir es schwierig finden, aber nach einer kleinen Weile werden wir langsam das Gefühl für den Tanz und seine Bewegungen gefunden haben. Wenn es nicht gleich klappt, wiederholen wir den Tanz ein zweites und ein drittes Mal. Nach Ende des Bauchtanzes abermals
- auf dem Bett, Boden oder Sofa ausruhen, die Augen schließen und den Ort der Kraft aufsuchen (Visualisierung des KA)

Hier kann man in der Regel die statt gefundene Umwandlung des Gefühls (die Veränderung des KA) bewußt als Szene miterleben. Das heißt, wir erleben uns nun als Mittelpunkt in einer Szene, die unserem Wohlbefinden dient.

- Wohlbefinden hat sich spürbar eingestellt
Wir sind wieder voller Energie und Unternehmungslust.
Den Rest können wir getrost der ausgleichenden Kraft überlassen.

Shakti Morgane

106

Anstelle einer Zusammenfassung ...

... eine weitere Bauchtanzmeditation zur Schöpfung von Durchsetzungs-kraft

Eingedenk der Tatsache des sich immer weiter ausbreitenden Low Sexual Desire Syndrom, das von allgemein eingeschränkter Lebenskraft in den Industriemonopolen zeugt, und für das wir die Verbindung von Sexualität mit Wirtschaft verantwortlich machen (siehe erstes Kapitel), benutzen wir Bauchtanz und Meditation, um unsere Magie (Zauber) zu entfalten.

Da gar keine Familie auch keine Lösung ist, weil Bindungslosigkeit die allgemeine Ohnmacht der Individuen zementiert und lediglich individuell ebenfalls zu Problemen führt, die von den Nutznießern einer Konsumgesellschaft wiederum massenhaft wirtschaftlich zu Geld gemacht werden können, müssen wir unsere von Wirtschaft befreite weibliche Sexualität wieder mit Spiritualität verbinden, um die Chance zu erhalten, genügend Energie zur Durchsetzung unserer Wünsche freizusetzen. Heutzutage ist Sexualität von Wirtschaft dann befreit, wenn jeder Partner wirtschaftlich unabhängig ist.

Die Verbindung einer von Wirtschaft befreiten weiblichen Sexualität mit Spiritualität wird traditionell im Orientalischen Tanz erreicht, denn die Vergeistigung der weiblichen Sexualität kann unter gegebenen Bedingungen sozusagen 'automatisch' durch Bauchtanz erreicht werden.

Die Tendenz der Unterdrückung geht daher auch dahin, zusammen mit der weiblichen Sexualität den Orientalischen Tanz selber abzuwerten.

Ihre Sexualität sollte Frauen jedoch deshalb heilig sein, weil sie die bestimmende Kraft ist, die zwischen Diesseits und Jenseits verbindet und so über Macht und Ohnmacht entscheidet. Der alte Schöpfungsmythos aus dem Matriarchat zeigt uns in allegorischer Weise den richtigen Weg zur Verbindung von Körper und Geist bzw. 'unten' und 'oben':

Die 'große Göttin', die 'Beherrscherin der Finsternis' (Schwäche, Resignation, Anspannung, Müdigkeit) tanzt im Chaos der Finsternis und die Lebenskraft (die sexuelle Kraft) erhebt sich. Sie ergreift die Kraft und erschafft das Licht.

'Bauch'-tänzerisch umgesetzt bedeutet das: Wir stimmen uns durch rhythmische Rezitation des Namens der 'großen Göttin' ("... "Zerstörerin der Feinde, Erfüllerin der Wünsche" ..."[94]) im Takt mit Anspannung und Entspannung des Gesäßes und der Oberschenkel, auf das Schwerkraft-zentrum tief im Bauch ein. Anschließend verbinden wir 'Bauch' und 'Herz' durch Orientalischen Tanz, indem wir abwechselnd die isolierten Bewegungen des oberen und unteren Körpers tanzen, bis sich spürbar neue Unternehmungslust einstellt und wir wieder wissen was wir als Nächstes tun wollen. Gut eignet sich hierfür orientalische Folklore, möglichst monoton, z.b. im dabka-Rhythmus.

Zuerst rezitieren wir eine kleine Weile innerlich im Rhythmus mit Anspannung und Entspannung der Oberschenkel und des Gesäßes z.B.:

Ish   - tar,   Ish   - tar, ...

Anspannung   - Entspannung,   Anspannung -   Entspannung ...

Anschließend tanzen wir in beliebiger Reihenfolge je nach Rhythmus der orientalischen Musik einige Takte z.B.:
- Hüftpendel, dann einige Takte Schulterpendel,
- Twist/Schulterpendel,
- Kippen/Brustkorbheben u. -senken,
- Schwappen/Brustkorbheben u. -senken,
- Droppen/Brustkorbheben u. -senken,
- Kreise/Brustkorb-Kreise,
- Achten/Schlangenarme,
- Schleifen/Schlangenarme,
- Schieben/Brustkorb-Schieben oder wir wechseln zwischen
- Beckenwelle und Oberkörperwelle,
- Drehung/Kopfhalbkreis
- Schwung/Brustkorbheben u.-senken, usw.
Wichtig ist dabei, daß die Bewegungen wie von selbst geschehen.

Wenn wir während des Tanzens die Spannung wahrnehmen und dann loslassen, indem wir uns dem Rhythmus öffnen und die Bewegungen einfach kommen lassen, ergreifen wir die Kraft, die ausgleicht. Unsere Körperschwingung wird geändert.
Der Name der 'großen Göttin' ist je nach Vorliebe frei wählbar, denn: "Man kannte zahllose Bezeichnungen, bei jedem Volksstamm andere, es handelt sich aber immer um die gleiche, das All gebärende Kraft des Lebens."[95] Spätestens nach dem Ekstase-Erlebnis (einer intensiven Erfahrung von Licht und Glückseligkeit) dürfte sich einer Tänzerin der sie beseelende Geist ihrer Göttin offenbart haben.

Bauchtanz regelmäßig in der hier beschriebenen Weise getanzt, wird auf sanfte Art allmählich unsere Illusionen wegschwemmen. Gefühlsblockierungen werden aufgelöst, da wir uns immer wieder mit der Ausgleichskraft verbinden.

Unsere Handlungen im Alltag sollen möglichst im Einklang sein mit der Kraft, die ausgleicht. Wenn wir derart tanzen, können wir im Alltag unsere Absichten im Auge behalten und uns gelassen dem Fluß der Dinge anvertrauen.

Alles befindet sich in einem ständigen Veränderungsprozeß. Sollte das 'Herz' in Bedrängnis kommen, weil wir unser Gleichgewicht im Verlaufe der Handlungen wieder einmal verloren haben, müssen wir loslassen können und uns erneut abermals mit Meditation und Bauchtanz neu orientieren.

Derart ändern wir uns zusammen mit der Realität, ohne uns zu verlieren. Wir passen uns veränderten Bedingungen an, ohne uns unterzuordnen. Wir stellen uns immer wieder neu ein und erneuern uns dabei selbst. Wir bleiben im Fluß und bestimmen die Richtung mit. Tanzend ändern wir die Schwingungen unseres Körpers, und insofern wir uns dabei mit unserem Geist vereinen und neues Gleichgewicht erhalten, ändern wir gleichzeitig auch das Harmoniegefüge der Schwingungen unserer Welt. Damit bewirken wir aktiv immer wieder den Ausgleich - und dienen dem Schöpfungswerk.

Anmerkungen:

1 vgl. Buonaventura 1984, S. 30 u. S. 38
2 vgl. Golowin 1989, S. 64 u. S. 77
3 vgl. Golowin 1989, S. 157-159
4 vgl. Golowin 1989, S. 64 u. 77
5 vgl. Karkutli 1983, S. 34
6 vgl. Golowin 1989, S. 157
7 Golowin 1989, S. 252
8 vgl. Buonaventura 1984, S. 159F
9 Golowin 1989, S. 48
10 Golowin 1989, S. 46
11 Golowin 1989, S. 60
12 Golowin 1989, S. 75
13 Golowin 1989, S. 21
14 Glowin 1989, S. 15
15 Glowin 1989, S. 60
16 Golowin 1989, S. 15
17 Golowin 1989, S. 68
18 Cayce 1980, S. 119
19 vgl. Cayce 1980, S. 114
20 vgl. Cayce 1980, S. 74
21 vgl. Cayce 1980, S. 92
22 vgl. Cayce 1980, S. 115F
23 vgl. Cayce 1980, S. 135
24 vgl. Cayce 1980, S. 228
25 vgl. Cayce 1980, S. 118
26 Cayce 1980, S. 117
27 vgl. Hegers 1986, S. 19
28 Buonaventura 1984, S. 126
29 vgl. Hornung 1992, S. 35
30 vgl. Hornung 1992, S. 41
31 Hornung 1992, S. 37
32 vgl. Hornung 1992, S. 92
33 Hornung 1992, S. 42
34 Hornung 1992, S. 87
35 Hornung 1992, S. 49
36 vgl. Hornung 1992, S. 57
37 Hornung 1992, S. 97

38 Hornung 1992, S. 102
39 Hornung 1992, S. 107
40 ebenda
41 vgl. Hornung 1992, S. 107
42 Cayce 1980, S. 77
43 Golowin 1989, S. 142
44 Hornung 1992, S. 105
45 Hornung 1992, S. 91
46 vgl. Karkutli 1989, S. 18
47 ebenda
48 Hornung 1992, S. 60
49 vgl. Hornung 1992, S. 50
50 vgl. Hornung 1992, S. 62
51 Hornung 1992, S. 53
52 Shah 1994, S. 65
53 Hausmann 1990, S. 86
54 vgl. Hornung 1992, S. 46
55 Hornung 1992, S. 126
56 Millard 1981 u. 1987, S. 54
57 vgl. Hornung 1992, S. 126
58 vgl. Hornung 1992, S. 129
59 Hornung 1992, S. 131
60 ebenda
61 Hornung 1992, S. 130
62 Hornung 1992, S. 134
63 ebenda
64 ebenda
65 Cayce 1980, S. 259
66 vgl. Cayce 1980, S. 237
67 Cayce 1980, S. 88
68 Cayce 1980, S. 170
69 Cayce 1980, S. 303
70 Cayce 1980, S. 241
71 vgl. Ebenda
72 vgl. Hodosi 1996, S. 64Ff
73 vgl. Hodosi 1996, S. 67
74 vgl. Zebroff 1983, S. 126
75 vgl. Feild 1997, S. 49
76 Shakti Gawain 1986, S. 94F
77 Shakti Gawain 1986, S. 98

78 ebenda
79 Stangl 1984, S. 31
80 Hausmann 1990, S. 83
81 vgl. Hodosi 1996, S. 179F
82 vgl. Cayce 1980, S. 171
83 Shah 1994, S. 100
84 ebenda
85 Shah 1994, S. 101
86 Hodosi 1996, S. 69
87 Reich 1976, S. 172
88 Kurtz/Prestera 1979, S. 42
89 vgl. Kurtz/Prestera 1979, S. 55
90 vgl. Zebroff 1983, S. 120
91 vgl. Ebenda
92 Said-Locke 1989, S. 119
93 Said-Locke 1989, S. 124
94 Shah 1994, S. 55
95 Golowin 1989, S. 242

Literaturverzeichnis

Bauer, Wolfgang: Metamorphosen, Berlin 1984

Buonaventura, Wendy: Bauchtanz, München 1984

Buonaventura, Wendy: Die Schlange vom Nil, Nördlingen 1991

Cayce, Edgar: Über Sexualität und Erleuchtung, München 1980

Chia, Mantak & Maneewan, Tao Yoga der heilenden Liebe, Interlaken 19955

Feild, Reshad: Ich ging den Weg des Derwisch, Hamburg 1997

Geba, Dr. Bruno H.: Das Atembuch, Berlin 1976

Gendlin, Eugene T.: Focusing, Salzburg 1984

Golowin, Sergius: Das Reich des Schamanen, München 1989

Golowin, Sergius: Die weisen Frauen, München 1989

Golowin, Sergius: Die Welt des Tarot, Basel 1981

Golowin, Sergius: Magier Merlin, Gifkendorf 1981

Griscom, Chris: Die Heilung der Gefühle, München 1988

Haich, Elisabeth: Sexuelle Kraft und Yoga, München 1971

Hark, Helmut: Träume als Ratgeber, Reinbek 1986

Hausmann, Christiane: Anderes Denken in der Sowjetunion, Frankfurt/M. 1990

Hegers, Ulrike: Bauchtanz, Düsseldorf 1986

Hodosi, Oskar: Licht Tantra, München 1996

Hornung, Erik: Geist der Pharaonenzeit, München 1992

Kamper, D.; Wulf, C. (Hrsg.): Die Wiederkehr des Körpers, Frankfurt/M.1982

Karkutli, Dietlinde B.: Bauchtanz, München 1989

Karkutli, Dietlinde: Das Bauchtanzbuch, Reinbek 1983

Kraus, Michael: Ätherische Öle für Körper, Geist und Seele, Gaimersheim 1992

Kurtz, Ron; Prestera, Hector: Botschaften des Körpers, München 1979

Leboyer, Frédérick: Weg des Lichts, Reinbek 1984

Lerner, Harriet Goldhor: Wohin mit meiner Wut ?, Frankfurt/M. 1990

Liedloff, Jean: Auf der Suche nach dem verlorenen Glück, München 1984

Millard, Anne: Das war Ägypten, Ravensburg, 1982

Müller-Elmau, Bernhard: Kräfte aus der Stille, Düsseldorf 1987

Murphy, Dr. Joseph: Die Macht Ihres Unterbewußtseins, Genf 1987

Parker, Alice: Träume als Schlüssel zum Selbst, München 1998

Plack, Arno: Die Gesellschaft und das Böse, Frankfurt/M.1991

pro media: Tarot, Berlin 1981

Reich, Wilhelm: Der Krebs, Frankfurt/M. 1976

Reich, Wilhelm: Einbruch der Sexualmoral, Hamburg 1974

Rumpf, Horst: Die übergangene Sinnlichkeit, München 1981

Said-Locke, Rosa: Von Innen nach Außen, Witzenhausen 1989

Samsara Amato-Duex: Bewußt fruchtbar sein, München 1983

Shah, Idries: Magie des Ostens, Basel 1994

Shakti Gawain: Stell dir vor, Hamburg 1986

Shakti Gawain: Wege der Wandlung, München 1994

Sharamon, Shalila; Baginski, Bodo J.: Das Chakra-Handbuch, Aitrang 199217

Stangl, Marie-Luise: Die Welt der Chakren, Düsseldorf 1984

Zebroff, Kareen: Yoga für Jeden, Frankfurt/M. 1983

Shakti Morgane

Kalender der Göttin

Ein philosophischer Hexenkalender

mit Orakel

Das Übel weicht vor dem zurück, der die Sonne im Herzen trägt.

Inhaltsverzeichnis

„Magie heißt mit psychischer Kraft Veränderungen zu bewirken, deshalb besteht ein Teil der Lehrzeit einer Hexe darin, psychische Energie fließen zu lassen und gezielt einzusetzen." (Singer, S.120)

Wobei ich davon ausgehe, dass es hierbei um die Umwandlung negativer emotionaler Zustände geht. Grundvoraussetzung hierzu ist die Benutzung des zu einem gehörenden Schattens. Wer Angst vor seinem Schatten hat, der sollte diese Angst selbst als Schatten betrachten und diese negative psychische Energie zur Ver- (Um-)wandlung benutzen oder auf den Einsatz eigener Magie verzichten und braucht dann nicht weiter zu lesen. Man vergewissere sich auch, dass die negativen psychischen Energien keine physischen Ursachen haben, dann beginne man mit der Umwandlung. Notwendig zur Verwandlung von Schatten sind die Fähigkeit zur Meditation / Visualisierung, zur Änderung der ‚inneren Entscheidung' (verschieben des Montagepunktes, Castaneda) und zur Wahrnehmung der Intuition (Eingebung). Der verwandelte Schatten ändert die Realität, denn entscheidend ist die Wirkung im Feinstofflichen.

Im ursprünglichen Fruchtbarkeitskult zur Zeit des Matriarchats wollte die Schamanin, Medizinfrau die Natur beeinflussen, um für Nahrung, Heilung und Nachkommen zu sorgen. Der ‚primitive' Magier / die ‚primitive' Medizinfrau beeinflussten durch sogenannte Sympathie-, Analog- und Kontaktmagie die Umgebung mit einem nach ihren Wünschen veränderten Abbild der Realität zusammen mit dem ausgesprochenen Befehl (Zauberspruch) an die Umgebung, sich diesem Abbild anzupassen. Insofern der Zauber wirkte, wurde Macht ausgeübt. Ebenso wirken heute mittels Kunst und Werbung in den Medien von allen Seiten via Bild und Ton veränderte Abbilder der Realität auf uns ein, um unser Handeln, Wünschen und Wollen im fremden Interesse zu lenken. Im fremden Interesse gelenkt zu werden, blockiert die Kreativität, es sei denn, man wird im Einklang mit der Schöpfungskraft gelenkt. Derartige ‚schwarze Magie' kann man nur entgehen, indem man selbst ein Magier wird und selbst ein im eigenen Interesse verändertes Abbild der Realität konstruiert. Dabei ist einzig die Magie, die im Einklang mit der Schöpfungskraft wirkt, in der Lage, negative in positive Energie zu verwandeln. Ich will deshalb dieses Buch als ein in meinem Sinne verändertes Abbild der Realität begreifen und es der Großen Göttin weihen, um im Einklang mit der Schöpfungskraft zu wirken.

Der Kalender im Anhang ist als Dauerkalender konzipiert, mit den alten Festen des Jahreskreises im Mittelpunkt, so dass das Verwandeln innerhalb der Natur in unser Blickfeld gerät und auch wir das Leben zunehmend als magischen Vorgang erleben können, der Verborgenes enthüllt und Visionen (Träume) erfüllt. ,Das Samenkorn träumt den Baum' sagen die Aborigines und offenbaren uns eine neue Sichtweise der Realität, die mit der Wuscherfüllung einhergeht. Um Visionen wahr werden zu lassen, müssen wir aber z.B. mit Hilfe des Rituals, unsere Aufmerksamkeit zurück erobern und einen Zauber wirken. Grundvoraussetzung ist zuallererst, sich zu entspannen. Dabei hilft unter anderem Meditation. Ist man aber entspannt, gehört einem die Welt, denn man ist im Gleichgewicht mit der Schöpfungskraft (Kreativität / Magie). Die Schöpfungskraft ist durchdringend, sie durchdringt sowohl jeden einzelnen als auch den Kosmos. Aus ihrer Substanz ist das ganze Universum. Die Schöpfungskraft wird je nach Lebenssituation von uns individuell unterschiedlich erlebt, z.B. positiv als Freude, Schwung, Ekstase, Licht oder auch sexuelle Energie, oder negativ als Frustration, Wut, Langeweile, Trauer, Sorgen, Angst, Ohnmacht, Gefühl von Ausgeliefertsein, Kraftlosigkeit, Resignation, Depression und muss von uns gelenkt werden.

Meditation, Intuition und ggf. das Ändern der ,inneren Einstellung' helfen, die Energie im Sinne der Großen Göttin zu lenken. Wenn der Zauber tatsächlich wirkt, dann deswegen, weil wir den Schatten verwandeln. Die Verspannung, die Spannung, die dunkle Energie, der Schatten auf unserer Seele wird von uns bewusst in heilende helle Energie, in das Licht der Göttin verwandelt. So gehen wir den Weg zum göttlichen Funken in uns. Der Weg verläuft in Richtung Selbstwerdung und man muss dabei zunehmend lernen, die Kräfte, die man rief, einzusetzen. Hinweise hierzu finden sich in der Ur-Religion der Großen Göttin. In dieser Religion werden die Naturkräfte von Erde, Mensch und Kosmos zur Herstellung von Harmonie (Gleichgewicht / Ausgleich) benutzt. Um ,weiße Magie' zu wirken, kommen wir daher nicht umhin, die Gleichgewichtsverhältnisse zu berücksichtigen. Da Energie der Aufmerksamkeit folgt, müssen wir, um den Bann der existierenden Dinge zu brechen, die Aufmerksamkeit auf die abwesenden Dinge richten, z.B. die Dinge, die in unserer Kultur keine Rolle spielen, wie die eben erwähnte Ur-Religion der Großen Göttin, und die Dinge, die in unserem persönlichen Leben keine Rolle spielen, aber von uns herbeigesehnt werden. Da in der Natur und im Kosmos alle Dinge dem Gesetz des Werdens und Vergehens unterliegen, sind die abwesenden Dinge schon wieder im Werden begriffen, ihre Kräfte wachsen, während die anwesenden Dinge dem Vergehen unterliegen. Wenn wir die Aufmerksamkeit auf die für uns abwesenden Dinge richten, sind wir im Einklang mit der Kraft die ausgleicht und unterstützen diese gleichzeitig zusätzlich mit unserer eigenen Energie. Derart können wir im Einklang mit der Schöpfungskraft wirken und somit weiße Magie betreiben.

In diesem Buch habe ich einige Göttinnen vorgestellt und mit Tipps zur Energielenkung verbunden, die jeder einfach für sich nutzen kann, indem man sich selbst nach dem Vorbild der Runen-Steine ein **Göttinnen-Orakel** bastelt:

> Suche dir etwa 13 gleich große Kieselsteine, schreibe auf jeden Stein mit einem geeigneten Stift die Anfangsbuchstaben der jeweiligen Göttin. Nähe dir einen kleinen Beutel für alle deine Göttinnen-Steine. Wann immer du dich schlecht fühlst und eine Energieumwandlung brauchst, greife mit der linken Hand in dein Säckchen und nimm einen Stein heraus. Schlage hier im Buch die Seite der entsprechenden Göttin auf und folge, wenn nötig, den Tipps zur Energieumwandlung. Auf diese Weise hast du an jedem Tag im Jahr den Rat der Göttin für dich zur Hand.

Jahreskreisfeste zu Ehren des göttlichen Lichts:

Das Jahr der Göttin beginnt, wie auch in vielen orientalischen Kulturen, im Frühling, und ein Kalender der Göttin richtet sich nach dem Mond. Im Jahr finden 13 Vollmonde statt und daher treten 13 Göttinnen jeweils zu Neumond nacheinander im Jahresverlauf auf. 13 Göttinnen (z.B. Aphrodite, Astarte, Ostara, Tiamat, Diana, Maja, Freya, Pele, Ix Chel, die dreigestaltige Mondgöttin, die Vilas, Isis, Baubo) bedeuten 13 Aspekte der Großen Göttin, denn alle Göttinnen sind eine Göttin. Deshalb ist es egal mit welcher Göttin wir beim ersten Neumond des Jahres den Reigen beginnen lassen. Ebenso gut kann man für den Jahresverlauf aus den unzähligen Göttinnen dieser Erde 13 andere Göttinnen auswählen. Wesentlich sinnvoller ist es deshalb, dem Naturkreislauf der Jahreszeiten entsprechend alter Tradition zu folgen, wonach die Göttin die Nacht regiert (Mond) und der Gott den Tag (Sonne), und beide ‚Himmelslampen' in Interaktion miteinander auf der Erde den Wechsel der Jahreszeiten und das Werden und Vergehen in der Natur bewirken. So beeinflusst der Mond beispielsweise unseren Biorhythmus.

Der Sonnenlauf im Jahresrad der Ur-Religion der Großen Göttin, aus der Zeit der Megalith-Kulturen, findet sich im Hexen-Glauben wieder, als man die Natur stellvertretend durch das Weibliche verehrte:
Göttin, Gott und Schöpfungskraft ruhen gemeinsam   bevor die (Ver)Wandlung beginnt. Dann wird Er (das Licht) geboren und   seine Geburt wird gefeiert (Wintersonnenwende). Er wächst und gedeiht: das wird Anfang Februar festlich begangen. Um den 21. März tanzt Er mit der Göttin in ihrem Jungfrauen-Aspekt. Anfang Mai wird die Hochzeit von Göttin und Gott gefeiert, und zur Sommersonnenwende findet die Vereinigung ein letztes Mal statt vor der erneuten (Ver)Wandlung, denn diese Vereinigung beinhaltet Abschied, Trennung, Tod. Betrauert wird Er Anfang August. Jedoch ist Er in den Schoß der Göttin zurückgekehrt und regeneriert sich dort selbst. (Herbst Tag- u. Nachtgleiche). Anfang November befindet Er sich in der Unterwelt und begegnet den Seelen der Verstorbenen, die hier wieder jung werden und auf die Wiedergeburt warten. Er öffnet die Tore zur Wiedergeburt und herrscht über die Traumwelt, während auch Er sich erneut verwandelt und wieder geboren wird (Wintersonnenwende). Dann beginnt der Kreislauf von neuem.
Die Feste zu Ehren des göttlichen Lichts sind die Frühlingsfeste: Ostara (21. März) und Beltane (1. Mai), die Sommerfeste heißen Litha (21. Juni) und Lammas (1. August), die Herbstfeste heißen Mabon (21. September) und Samhain (1. November) und die Winterfeste heißen Jul (21. Dezember) und Imbolc (1. Februar). Die Nächte vor diesen Festen gehören zu den 12 heiligen Nächten des Jahres, an denen man den Göttern besonders nahe ist. Zusätzlich zählt man die Nacht auf Ostern, die Nacht nach Heiligabend und vor den ‚Hl. Drei Königen' (6. Januar), und die Johannisnacht (24. Juni) in der Mitte des Sommers dazu.

An **Jul** geht es darum, die eigene Magie zu entfalten, indem wir mitten in der Finsternis ein Licht anzünden. Das ist durchaus im übertragenen Sinne gemeint. Denn es geht darum, uns von alten Vorurteilen und Ängste zu trennen, um uns für positive Energien und göttliche Inspirationen zu öffnen, die zu bemerken wir gewöhnlich durch unsere Blockierungen gehindert werden. Indem wir symbolisch ein Licht anzünden, bitten wir die göttliche Kraft, dass sie uns hilft, unsere uns einschränkenden Gedanken los zulassen, damit wir erneut fähig werden, die Chancen in unserem Leben erkennen und ergreifen zu können.

An **Imbolc** geht es darum, den Zustand der eigenen Lebenskraft zu spüren. Es geht darum, körperlich fühlbares Gleichgewicht zu erlangen und in sich selbst, in der eigenen Potenz, zu ruhen. Zu diesem Zweck müssen wir unsere Lebensumstände bedingungslos akzeptieren, um den Segen unserer Ahnen zu erhalten. Denn der Segen unserer Ahnen ist die Voraussetzung für Gelassenheit und innere Ruhe. Die Göttin zeigt uns den Zustand unserer Lebenskraft in unseren Träumen, in denen sie uns mit unseren Ahnen verbindet.

An **Ostara** geht es um die Grundlagen unserer Existenz, um unsere Gesundheit. Denn ohne Gesundheit ist alles nichts. Zu diesem Zweck müssen wir die Richtung der Kraft des Ausgleichs wahrnehmen, indem wir die Gegenkraft berücksichtigen. Symbolisch verbinden wir dazu im Ritual Feuer und Wasser und bitten um den Beistand des Sonnengottes. Wenn er uns hilft, werden wir von Leiden und Not befreit.

An **Beltane** geht es um Reichtum in jeder Hinsicht. Dazu müssen wir unseren inneren Kern zutage fördern, wir müssen authentisch sein, indem wir das wahrnehmen und ausdrücken was wir wirklich wollen. Zu diesem Zweck stellen wir die Verbindung zwischen unserem höheren und niederen Selbst her, indem wir allen vergeben, die uns verletzt haben und ebenso uns selbst. Dadurch, dass wir uns selbst vergeben, nehmen wir uns so an wie wir sind und Freude kann in uns aufsteigen.

An **Litha** geht es um den Respekt, der uns zusteht, um unsere Wirkung und Strahlkraft nach außen. Jetzt sind die Lichtverhältnisse des Jahres ebenfalls auf dem Höhepunkt ihrer Strahlkraft. Es gibt den Brauch, in der Mitte des Sommers zwecks Anrufung des Göttlichen über offenes Feuer zu springen, um den Beistand der göttlichen Kraft als Unterstützung für die Durchsetzung eigener Ziele im Leben zu erhalten.

An **Lammas** geht es um unser Herz, um die Liebe. Es geht darum, unsere Beziehungen zu klären und im Gleichgewicht mit dem Partner zu sein, um Ordnung in familiäre Verhältnisse zu bringen. Oder es geht darum, überhaupt erst einen Partner zu finden. Da die Liebe eine Himmelsmacht ist, bitten wir die Göttin um Beistand in Liebesdingen.

An **Mabon** geht es bei zunehmender Dunkelheit darum, die Schatten / Schwere zu transformieren, um wieder leichtfüßig durchs Leben gehen zu können. Unser Bewusstsein hilft uns bei der Umwandlung negativer Gefühle. Darum stärken wir unser Bewusstsein, indem wir unsere Träume notieren und die Göttin bitten, uns bei der Deutung zu helfen.

An **Samhain** geht es vollends um die Fähigkeit, die Gefühlswelt zu benutzen und Energien zu lenken. Das ist das wichtigste Fest im Jahresverlauf, da die Grenze zwischen Diesseits und Jenseits brüchig ist, und wir nun, mithilfe der Göttin das Paradies in der Unterwelt wieder herstellen können, um unsere Wünsche zu erfüllen.

Hier einige Vorschläge die 8 Jahresfeste festlich zu begehen:

Lösche an **Jul** zur Wiedergeburt des Sonnengottes in Haus und Hof symbolisch einmal alle Lichter und zünde sie wieder neu an. Programmiere deinen Geist auf Erfolgskurs, indem du, nach Prioritäten geordnet, alle Dinge aufschreibst, die du vom Leben erwartest. Falte den Zettel in der Mitte und rolle ihn zusammen. Nimm ein rotes Band und binde ihn zusammen. Mache dir ein Jul-Büschel aus Pflanzen wie Mistel, Stechpalme, Tannen-zweige, Zeder, Salbei, Wacholder, Rosmarin, Pinie oder Efeu und schmücke ihn mit Nüssen und Strohschmuck und hänge deinen Zettel daran. Benutze zusätzlich ätherische Öle dieser Pflanzen in deiner Aromalampe. Lasse Kerzen brennen und beschenke deine Lieben mit selbst gebackenen Keksen oder Kuchen. Nach Jul verwahre deinen Zettel an einem sicheren Ort. Sieh ab und zu nach, um dich daran zu erinnern, was du vom Leben willst.

An **Imbolc**, dem Lichtfest der jungen Göttin, brennt in der Nacht zuvor die ganze Nacht lang eine Kerze. Zur Umwandlung negativer Energien begib dich in eine Bauchtanzmeditation, rufe die Göttin Brigida an und bitte um ihren Schutz und Führung. (Im Rahmen eines Lichtrituals tanze einen Leuchtertanz.)

Rufe an **Ostara** den Sonnengott wenn du allein und ungestört bist: Nimm eine kleine Kristallschale, fülle sie halb voll Wasser und zünde eine Schwimmkerze an. Setze dich in bequemer Haltung davor, ohne die Augen zu schließen. Nun singe das Mantra „Om-Tryambakam". Wenn du Glück hast, erscheint vor deinem inneren Auge der Sonnengott in Gestalt einer Flamme und du wirst von Leiden und Not befreit.

Mache eine Woche vor **Beltane** ‚reinen Tisch‘, indem du alle Verfehlungen aufschreibst und dich evtl. bei denen entschuldigst, die du verletzt hast. Vergib allen, die dich verletzt haben. Vor allem aber vergib dir selbst. Verbrenne den Zettel an Beltane im ‚magischen Kreis‘.

Die Nacht zum 1. Mai soll man durchfeiern und durchtanzen. Wenn du allein und ungestört bist, lege dir eine mindestens 5 min. Bauchtanz-Trommel-Musik auf. Tanze und versenke dich immer tiefer in den Rhythmus. Denke an gar nichts. Wenn du Glück hast, steigt das Bild desjenigen in dir hoch, den du liebst bzw. der dich liebt.

Ziehe eine Woche vor **Litha** Bilanz. Schreibe auf einen Zettel alle Dinge, Gewohnheiten und Menschen, die dich belasten oder dir schaden. Nimm in Gedanken Abschied von ihnen. Verbrenne den Zettel an Litha im ‚magischen Kreis‘.

Wenn du ungestört bist, zünde an **Lammas** eine Kerze in deiner Aromalampe an und schütte einige Tropfen ätherisches Grapefruit-Öl hinein. Warte bis sich der Duft im Raum ausbreitet. Denke an Gaia und wenn du ihre Anwesenheit spürst, danke ihr für das Gute in deinem Leben. Sage ihr, wen oder was du dir besonders sehnlichst wünschst, weil du es nötig brauchst und bitte sie um einen Hinweis für dein Gleichgewicht.

Zünde an **Mabon** eine Kerze an und denke an Hathor, Kali, Io oder Hekate. Sollte in den nächsten Tagen durch Zufall ein Blatt im Wind auf dich zu tanzen, fange es und Hathor hilft dir im ‚Dunkeln‘ zu sehen. Achte daher in den darauf folgenden Nächten auf deine Träume. Die Göttin zeigt dir das Neue, das auf dich zukommt.

An **Samhain** reicht das Jenseits weit in das Diesseits hinein. Jetzt ist der Zeitpunkt, an dem man im Traum seinen Ahnen begegnen und um Rat fragen kann. Sollte ein verstorbener Verwandter dir zuwinken, dann schüttele den Kopf und wende dich ab. Das bedeutet, dass du noch nicht zu ihm hinüber willst. Wenn du Single bist, suche dir einen Partner. Nimm einen Rosenquarz, weihe ihn der Großen Göttin und trage ihn als Glücksstein in deiner Tasche.

Aus 8 Esbat (Jahresfeste) und 13 Sabbate (Vollmondfeste) ergeben sich 21 Tage im Jahr mit unterschiedlicher Energiequalität, an denen wir den Göttern besonders nahe sind. Das Große Arkanum des Tarot enthält ebenfalls 21 Arkana[1] mit unterschiedlicher Energiequalität, weshalb ich in diesem Buch auch das Tarot mit einbeziehe.

Verbinde dich immer, wenn Vollmond ist, in einem Vollmondritual (siehe Anhang) mit der Göttin und formuliere deine Wünsche.

---

[1] Die 22 Karte 'Narr' hat die Zahl 0 und wird daher hierbei nicht berücksichtigt.

Göttinnen-Orakel

Aphrodite – ist wie Venus und Hathor die Göttin der Liebe, der Schönheit und des Schicksals. Sofern zwei Seelenpartner zur gleichen Zeit auf diesem Planeten weilen, werden sie unweigerlich zusammen finden, wenn einer von ihnen Aphrodite anruft. Aphrodite rät dir, dich zu fragen, in welche Partnerschaftskonstellation du hinein geraten bist. Welche Rolle musst du spielen, um die Familie zu komplettieren? Spielst du die Rolle der Mutter / des Vaters oder der Tochter / des Sohnes deines / r Partners / Partnerin? Falsche Verbin-dungen bestehen in Rollenzuweisungen, die einen Menschen auf Dauer einengen und darum die Beziehung immer wieder scheitern lassen. - Alle Hindernisse werden überwunden, denn die Liebe ist die stärkste Kraft der Veränderung auf Erden. Aphrodite lässt die Schwierigkeit in deiner Beziehung bald vorüber gehen.

Energieumwandlung

Mondhörner und Sonnenscheibe auf dem Kopf der Göttin Hathor erinnern uns an das Gesetz der Metamorphose der Gegensätze in ihr Gegenteil. Rufe Aphrodite und bitte um Verwandlung. Das Mittel der Wahl zur Anrufung der Göttin ist in der Zeit des Matriarchats überall auf der Welt der Tanz. Stelle dir dein Göttinnenbild oder -skulptur an einen geeigneten Platz in deinem Zimmer auf, ziehe den magischen Kreis groß genug um dich herum, damit du darin tanzen kannst. Dann tanze mit dem Gesicht der Göttin zugewandt deinen Bauchtanz. **Wenn dich falsche Verbindungen einengen**, wandelst du die daraus entstehende negative Energie um, indem du deine Aufmerksamkeit auf die Spannung in deinem Körper lenkst und viele Kreise und Achten tanzt. Alternativ zum Tanz kannst du mit der Heilfarbe *dunkelblau* meditieren, aus den Heilsteinen *Sodalit, Lapislazuli, Saphir, Bergkristall* einen Begleiter für den Tag wählen und deine Nase mit einem ätherischen Öl der Sorte: *Rosmarinöl, Immortellenöl, Thymianöl* verwöhnen **(in der Aromalampe!)**.

Astarte – ist eine hebräische und kanaanitische Göttin. Astarte, die Große Göttin, die Himmelskönigin wie Ishtar, Nut, Kali und viele andere, bewacht deinen Schlaf. Astarte rät dir, nicht an allem Höheren zu zweifeln, selbst wenn die Dinge gerade nicht so laufen wie du es möchtest. Schaue zum Sternenzelt und suche deinen Stern. Die Sterne sind deine Freunde und einer von ihnen strahlt nur für dich. Finde deinen Stern und formuliere deine Wünsche. Sprich sie laut aus und rufe nach Astarte. Augenblicklich wird Astarte dein Sehnen stillen und was du wünschst, das kannst du leicht erhalten.

Achte in nächster Zeit auf sichtbare Manifestationen deiner Wünsche. Wenn es keine offensichtlichen Antworten für dich gibt, dann vertraue auf das Nicht-Wissen, vertraue darauf, dass du innerlich geführt und äußerlich beschützt wirst.

Energieumwandlung
Für den Fall, dass du orientierungslos und verunsichert bist und mit der Realität keinen Kontakt mehr hast, wandele diese negative Energie um, indem du deine Aufmerksamkeit auf die Dämmerung, die Trennung zwischen den Welten, richtest, um das Mysterium deiner Existenz zu spüren und mit der Heilfarbe - *braun* meditierst; nutze als Aromatherapie - *Vetiver, Patschuli, Zeder*; wähle als Begleiter aus den Heilsteinen - *roter Jaspis, Tigerauge, Hämatit*;

Alternativ: tanze einen Bauchtanz - tanze besonders Kombinationen der Bauch-, Hüft-, Beckenbewegungen miteinander und mit Schritten.

Du solltest dich hinterher deutlich besser fühlen und deine Energie sollte zurück gekehrt sein.

Baubo - die griechische Göttin der ‚heiligen Sexualität', die aus dem Bauch kommt, ist wie Sheela-na-Gig, die irische Göttin, darauf aus, dich an dein persönliches Glück und ‚das nötige Feuer unter dem Kessel', das du für deine Gesundheit brauchst, zu erinnern. Baubo kennt die Wahrheit deiner sexuellen Gelüste. Deshalb macht sie sich lustig über dich. Respektlos entlarvt sie deine Begierden, die hinter deinem ‚Getue' stecken. Um deine Depressionen oder das ‚Theater deiner Inszenierungen' los zu werden, lass dir von Baubo den Spiegel vorhalten und dich auslachen. Du musst einfach auf deine Vagina, deinen Bauch, dein Gesäß und deine Brüste hören, dann weißt du wo deine Mitte ist. Höre die Trommel, tanze einen Bauchtanz und lache über dich.

Energieumwandlung

Jeder trägt die Verantwortung für seine spirituelle Entwicklung selbst. Wobei jeder zweimal lebt, einmal bei Tag und einmal bei Nacht. Mondhörner und Sonnenscheibe auf dem Kopf der Göttin Hathor erinnern uns an die Metamorphose der Gegensätze in ihr Gegenteil. **Wenn für das persönliche Glück das nötige ‚Feuer unter dem Kessel' fehlt, weil man nicht weiß, was man will, oder wenn der / die, auf den/ die man wartet, einen ‚sitzen lässt',** *dann wandle man diese negative Energie um.*

Nutze die Dämmerung, die Trennung zwischen den Welten, um das Mysterium deiner Existenz zu spüren und meditiere mit der Heilfarbe - orange; wähle als Begleiter aus den Heilsteinen – Karneol, Mondstein; nutze als Aromatherapie – Sandelöl oder Rosenöl oder Jasminöl oder Ylang-Ylang; tanze einen Bauchtanz – besonders Shimmy in allen Variationen (Hüften und Schulter), auch kombiniert mit Beckenwellen, Kreisen, Brustkorbwellen, Schlangenarmen etc., zwischendurch Pendel und Kippen der Hüften. Du solltest dich hinterher deutlich besser fühlen und deine Energie sollte zurück gekehrt sein.

Diana - die römische Göttin, heißt bei den Griechen Artemis. Sie heißt auch Rhiannon und ist die walisische Göttin der Anderswelt. Diana schützt die Wildnis und den Wald. Sie jagt mit Pfeil und Bogen und sie wohnt im Baum des Lebens. Gestatte dir geistige Höhenflüge und verscheuche die Stimme deiner kritischen Instanz. Plage dich nicht mit Selbstzweifeln und Neid. Diana sagt dir, du bist du und genauso viel wert wie andere. Wenn du glaubst, dass du nicht genug tust oder hast, dann nur deshalb, weil du Dianas Macht noch nicht kennst. Dianas Macht hilft dir bei der Änderung der 'inneren Einstellung'. Dadurch schenkt dir die Göttin die Macht, dich selbst zu versorgen und nicht darauf zu hören, was andere über dich sagen.

Energieumwandlung

Mondhörner und Sonnenscheibe auf dem Kopf der Göttin Hathor erinnern uns an das Gesetz der Metamorphose der Gegensätze in ihr Gegenteil.

Wenn man mit sich selber unzufrieden ist, weil man nicht weiter kommt und nichts voran geht, *dann wandelt man diese negative Energie um:*

Nutze die Dämmerung, die Trennung zwischen den Welten, um das Mysterium deiner Existenz zu spüren und meditiere mit der Heilfarbe - gelb; wähle einen Begleiter aus den Heilsteinen - Citrin, Bernstein, Tigerauge, Peridot; nutze als Aromatherapie – Bergamotte oder Orange oder Grapefruit; Alternativ: tanze einen Bauchtanz - besonders vertikale Bewegungen und innerkörperliche Bewegungen, die das Zwerchfell und die Bauchdecke beanspruchen wie z.B. Bauchrollen und -flattern, Kamelgang, vertikale Brustkorbwellen etc.

Du solltest dich hinterher deutlich besser fühlen und deine Energie sollte zurück gekehrt sein.

Die dreigestaltige Mondgöttin – ist eine Göttin aus Libyen. Sie ist maha shakti – die weibliche Energie schlechthin.

Die weibliche Schöpferkraft regt sich in dir und will, dass du sie zur Kenntnis nimmst! Kannst du Verhalten wie Menschenscheu, Schuldzuweisung, Kritik und Wertung, Wut und Hass, Verwirrung, Sucht, Jammern, Abwehrhaltung, Rechtfertigung, Hyperaktivität, Geschäftigkeit, Überheb-lichkeit, Ablenkbarkeit, Leugnen usw. an dir beobachten? Sehnst du dich verzweifelt nach Anerkennung? Wovor flüchtest du? Wer oder was stoppt dich ab? Blockierungen können sich bei hormonellen Schwankungen in **schwarze Schatten** verwandeln. Dann fühlst du dich als wärst du in einer Welle emotionalen Aufruhrs gefangen und siehst keinen Ausweg mehr. Dabei sind es nur die schmerzhaften Gefühle einer (alten) Ungerechtigkeit, die da hervortreten. Die dreigestaltige Göttin rät dir, dich an dich selbst zu erinnern. Akzeptiere deine Energie. Sie heißt Schmerz, sie heißt Wut und ist nur die Kehrseite von Lust, Kreativität und Freude. Wenn du sie zur Kenntnis nimmst, kann sie sich jederzeit in ihr Gegenteil verwandeln. Und das brauchst du, um dich weiter zu entwickeln und zu wachsen.

Energieumwandlung

Wenn du ungerecht behandelt wirst (oder wurdest) und deine Bedürfnisse nicht befriedigt werden (wurden), dann wandele diese negative Energie um: Nutze die Dämmerung, die Trennung zwischen den Welten, um das Mysterium deiner Existenz zu spüren und meditiere mit der Heilfarbe – rot; wähle als Begleiter aus den Heilsteinen – Rubin, Granat, Hämatit, roter Jaspis, Tigerauge; wähle als Aromtherapie aus den Ölen – Myrrhe, Vetiver, Weihrauch; tanze einen Bauchtanz – besonders Kombinationen der kraftvollen Bauch-, Hüft-, Beckenbewegungen untereinander (wie z.B. Kippen in der Acht nach außen; Drop/Schritt – Schwung/Schritt etc.).

Freya ist bei den nordischen Völkern die Hüterin der 'heiligen Erotik' und Sexualität. Bei den Hindus hat Nagini - die vedische Schlangengöttin, diese Funktion. Freya verhilft dir zu Gleichgewicht in deiner sexuellen Beziehung. Über Jahre hinweg überhaupt keine Sexualität zu haben, ist genauso tragisch wie übertriebene sexuelle Ausschweifungen. Nur das richtige Maß ist gesund. Denn die Sexualität ist ein scharfes Schwert, das zwischen 'Diesseits' und 'Jenseits' trennt. Freya sagt dir, dass es wichtig ist, in deiner sexuellen Beziehung die Balance zu finden. Bist du im Gleichgewicht mit deinem Partner? Jetzt ist es Zeit, dir zu überlegen, wen oder was du wirklich willst. Freya hilft dir dabei. Wie steht es mit deinen sexuellen Begierden? Bringen sie die Wärme, das Licht, Herzlichkeit und Geborgenheit. Oder bringen sie Krankheit, Hass und Angst? Prüfe dich in deinen Gefühlen und trenne dich von dem, was schmerzt. Oder trenn dich von einem Partner, der nicht auch geistig mit dir übereinstimmt.

Energieumwandlung

Jeder trägt die Verantwortung für seine spirituelle Entwicklung selbst. Wobei jeder zweimal lebt, einmal bei Tag und einmal bei Nacht. Mondhörner und Sonnenscheibe auf dem Kopf der Göttin Hathor erinnern uns an die Metamorphose der Gegensätze in ihr Gegenteil. **Wenn es einem schwerfällt sein Herz zu öffnen und zu lieben,** *dann wandele man diese negative Energie um:*

Nutze die Dämmerung, die Trennung zwischen den Welten, um das Mysterium deiner Existenz zu spüren und meditiere mit den Heilfarben grün, rosa, gold; wähle als Begleiter aus den Heilsteinen – Malachit, Jade, Turmalin, Smaragd, Rosenquarz, Andenopal, Epidot; nutze als Aromatherapie – Rosenöl oder Alantöl oder Salbeiöl; tanze einen Bauchtanz – alle Bauchtanzbewegungen immer im Wechsel zwischen oben und unten wie z.B. erst Hüftkreise, dann Brustkorbkreise, erst Hüftachten, dann Schlangenarme, erst Beckenkippen, dann Brustkorbheben/-senken etc.

Isis – ist die ägyptische Göttin der Freude, Barmherzigkeit und die Quelle allen Lebens. Bei den Chinesen heißt die Göttin Kuan Yin. Rufe Kuan Yin und wenn du ihre Gegenwart fühlst, lass die Liebe Kuan Yin's als heilende helle Energie in deinen Nabel einfließen und wenn du damit erfüllt bist, lass die überschüssige Liebe aus deinem Scheitel austreten und schicke sie wem immer du willst.

Oder lass deinen Geist bei einem erhebenden Mantra verweilen: Ziehe dich zurück und meditiere, wenn du ungestört bist, indem du folgendes Mantra konzentriert ca. 15 Min. lang wiederholst: *Alles Übel zieht sich vor dem zurück, der die Sonne im Herzen trägt.* Du sollst die Worte nicht analysieren, sondern nur wiederholen während du entspannt mit gerader Wirbelsäule sitzt, dann werden sie durch dein Gefühl verstanden. Es ist als würdest du deinen Körper in einem Licht baden. Dadurch wird dein Geist frei und empfänglich für die Inspiration der Göttin. Freude und Vertrauen können in dir aufsteigen. Isis lehrt dich, dass du niemanden um Erlaubnis bitten musst, um der Mensch zu sein, der du bist. Du bist die Schöpferin / der Schöpfer deines eigenen Lebens.

Energieumwandlung

Jeder trägt die Verantwortung für seine spirituelle Entwicklung selbst. Wobei jeder zweimal lebt, einmal bei Tag und einmal bei Nacht. Mondhörner und Sonnenscheibe auf dem Kopf der Göttin Hathor erinnern uns an die Metamorphose der Gegensätze in ihr Gegenteil. **Wenn man dich anders haben will, als du bist, dann suche die Verbindung zu deinem Höheren Selbst** *und wandele die negative Energie um:*

Nutze die Dämmerung, die Trennung zwischen den Welten, um das Mysterium deiner Existenz zu spüren und meditiere mit den Heilfarben – lila, weiß; wähle als Begleiter aus den Heilsteinen – Amethyst, Diamant; nutze als Aromatherapie – Rosenholzöl, Mandarinöl oder Bergamotteöl; tanze einen Bauchtanz – besonders viele Drehungen und Laufschritte, Schleiertanz!

Ix Chel - ist die Heilungsgöttin der Maya. Ix Chel rät dir, dich mit deiner Gesundheit zu beschäftigen und einfach ‚auszuspannen'. Was macht dir Spaß und Freude. Wobei entspannst du dich. Vielleicht lässt du einfach ‚die Seele baumeln' und genießt den Tag. Wenn du krank bist rufe Ix Chel an, um einen heilenden Traum zu bekommen, indem du vor dem Einschlafen an sie denkst und dich in ihre Obhut begibst. Jetzt ist es an der Zeit, dich an deine Träume zu erinnern. Sie aufzuschreiben und zu deuten. Lege deine Hände auf den Solarplexus und wiederhole innerlich den Namen Ix Chel viele Male, bis du ein Kribbeln wie von tausend Libellenschwingen in deinen Händen fühlst. Der heilende Strom fließt dann von deinen Händen in deinen Solarplexus, von dort in deinen Bauch und deine Beine und reinigt Körper, Seele und Geist.

Energieumwandlung

Jeder trägt die Verantwortung für seine spirituelle Entwicklung selbst. Wobei jeder zweimal lebt, einmal bei Tag und einmal bei Nacht. Mondhörner und Sonnenscheibe auf dem Kopf der Göttin Hathor erinnern uns an die Metamorphose der Gegensätze in ihr Gegenteil. **Wenn man glaubt an allem Schuld zu sein, was geschieht, oder von allen Seiten als „Fußabtreter" benutzt zu werden, wenn man also eine Menge „Seelenmüll" mit sich herumschleppt,** *dann wandele man diese negative Energie um:*

Nutze die Dämmerung, die Trennung zwischen den Welten, um das Mysterium deiner Existenz zu spüren und meditiere mit der Heilfarbe – hellrot; wähle einen Begleiter aus den Heilsteinen – Hämatit, Onyx, Epidot, Purpurit, Fluorit; nutze als Aromatherapie – Geranium oder Bergamotte; tanze einen Bauchtanz – alle Bauchtanzbewegungen immer im Wechsel zwischen oben und unten. Anschließend begib dich in eine **Schutzschild-Lichtmeditation** *(siehe Anhang). Du solltest dich hinterher deutlich besser fühlen und deine Energie sollte zurück gekehrt sein.*

Maja – ist die indische Göttin des Unbegrenzten, der Gewässer, des Mondes und der Fruchtbarkeit, des Reichtums und der Magie. In Rom heißt die Göttin Luna und in Ägypten ist es die Flussgöttin vom Nil; bei den Kelten ist es Brigida, der jungfräuliche Aspekt von Hekate. Nur innerer Reichtum zieht äußeren Reichtum an! Prüfe deine innere Einstellung. Worin besteht deine Magie? Maja rät dir, dich um deinen Zauber zu kümmern. Lass nicht zu, dass andere Menschen deinen Geisteszustand bestimmen. Sie hilft dir dabei, so zu werden, wie du gedacht warst. Jetzt ist es an der Zeit, dass du dich von Illusionen verabschiedest und, dass du aufhörst eine Rolle zu spielen. Achte darauf, dass das was du unterstützt, seinerseits auch dich trägt. Wappne dich vor Menschen, Dingen und Glaubenssätzen, die dich überschwemmen (vereinnahmen) und dann deine Energie versickern lassen.

Energieumwandlung

*Jeder trägt die Verantwortung für seine spirituelle Entwicklung selbst. Wobei jeder zweimal lebt, einmal bei Tag und einmal bei Nacht. Mondhörner und Sonnenscheibe auf dem Kopf der Göttin Hathor erinnern uns an die Metamorphose der Gegensätze in ihr Gegenteil. **Wenn man verzweifelt ist und nicht weiter weiß oder einfach völlig verunsichert und entkräftet ist, weil mit einem umgesprungen wird wie mit einem Hund, dem man die Wurst vor die Nase hält und dann wieder wegzieht,** dann wandele man diese negative Energie um: Nutze die Dämmerung, die Trennung zwischen den Welten, um das Mysterium deiner Existenz zu spüren und meditiere mit der Heilfarbe – dunkelrot; wähle als Begleiter aus den Heilsteinen – Obsidian, Bergkristall und Labradorit; nutze als Aromatherapie – Geranium oder Bergamotte; tanze einen Bauchtanz – benutze alle Bauchtanzbewegungen immer im Wechsel zwischen oben und unten. Anschließend begib dich in eine Schutzschild-Lichtmeditation (siehe Anhang).*

Ostara - ist eine angelsächsische Göttin, ihr entspricht *Tara*, die tibetische und indische Muttergöttin.

Tara, die Sternengöttin, ist die Muttergöttin der Hindus und Buddhisten. Sie tröstet dich in deinem Kummer und trocknet deine Tränen. Tara rät dir, dich mehr deinem 'inneren Kind' zuzuwenden. Wonach hungert und dürstet es am meisten? Höre dir ruhig einmal seine Wünsche an. Wenn du traurig bist, lass es zu, dass deine Tränen fließen. Tara hält dich in ihren mitfühlenden Armen und umhüllt dich mit Liebe. Vielleicht zündest du heute eine Kerze an und denkst an Tara. Tara heilt die Wunden deiner Kindheit. Und vergiss nicht das kleine Kind, das in deinem Herzen wohnt. Tara hilft dir, für es zu sorgen und seine Wünsche zu erfüllen.

Energieumwandlung

Mondhörner und Sonnenscheibe auf dem Kopf der Göttin Hathor erinnern uns an das Gesetz der Metamorphose der Gegensätze in ihr Gegenteil.
Wenn man keinen Grund zum Herumalbern, Spielen, 'ausgelassen sein' findet und alles so ernst und schwer ist, *dann wandele man diese negative Energie um: Nutze die Dämmerung, die Trennung zwischen den Welten, um das Mysterium deiner Existenz zu spüren und meditiere mit der Heilfarbe - hellblau; benutze als Begleiter die Heilsteine - Türkis, Chalzedon, Aquamarin; nutze als Aromatherapie - Kamillenöl, Lavendelöl, Neroliöl; Alternativ: tanze einen Bauchtanz - besonders Pendelschritte, 3/4-Shimmy-Schritte, arabische Grundschritte mit Beckenwellen, Drehungen, im Wechsel mit Achten, Kreisen, Wellen im Stehen - Drop, Twist und Shimmy zwischendurch als Akzent einfügen. Du solltest dich hinterher deutlich besser fühlen und deine Energie sollte zurück gekehrt sein.*

Pele - ist die hawaianische Vulkan-Göttin. Sie rät dir, dich mehr um deine Natur zu kümmern und nicht gegen sie zu leben. Jetzt ist die Zeit gekommen das loszuwerden, was deine natürlichen Instinkte zügelt und einzwängt. All der in dir angestaute Frust und Druck strebt an die Oberfläche. Pele hat dir deine andere Seite gezeigt und sie hilft dir dabei diese hervorzuholen. Stehe zu dir selbst und nenne das bei seinem Namen was du verbannst. Versuche nicht, Anerkennung hauptsächlich über Anpassung zu erhalten. Dann wehrst du deine eigenen vitalen Wünsche und Emotionen ab, wodurch wiederum zunehmend ein Gefühl von Druck und Überforderung entsteht, das dich letztlich krank macht und 'den Kessel zum Platzen bringt'.

Energieumwandlung

Jeder trägt die Verantwortung für seine spirituelle Entwicklung selbst. Wobei jeder zweimal lebt, einmal bei Tag und einmal bei Nacht. Mondhörner und Sonnenscheibe auf dem Kopf der Göttin Hathor erinnern uns an die Metamorphose der Gegensätze in ihr Gegenteil. **Wenn du schon in der frühen Kindheit schlechte Erfahrungen mit Autorität und Macht machen musstest,** *also* **unterdrückt wurdest,** *dann wandele diese negative Energie um: Nutze die Dämmerung, die Trennung zwischen den Welten, um das Mysterium deiner Existenz zu spüren und meditiere mit den Heilfarben - hellgrün, rosa, helllila; Lege einen Rhyolith (magischer Stein der Ureinwohner Australiens) auf das Herzchakra oder das Solarplexuschakra. Er fungiert als Fürsorger und Tröster, wenn man zuviel von sich weggegeben hat und nun zu sensibel "drauf ist". Gegen psychischen Stress und für Selbstsicherheit ist ein Epidot zu empfehlen und bei übertriebenen Schuldgefühlen und Versagensängsten hilft ein Purpurit; nutze in der Aromalampe – Lavendel oder Rosenöl oder Alantöl; tanze einen Bauchtanz - alle Bauchtanz-bewegungen immer im Wechsel zwischen oben und unten.*

Tiamat – ist eine babylonische Göttin: die Drachenfrau der bitteren Wasser und der süßen Quellen.

Tiamat ist der Ursprung des Kosmos. Bei den Navajo heißt sie Estsanathlehi. Tiamat, die Drachenfrau, speit Feuer und bewacht den magischen Wald. Zu ihr kehren Frauen zurück in der Zeit ihres Blutes. Tiamat rät dir, dich in deinen magischen Wald oder in deine Behausung zurück zu ziehen und Erneuerung zu suchen. Lerne es, deinen eigenen Rhythmus zu finden und lass dich nicht hetzen. Nimm dir Zeit für dich und hole deine Energie zurück. Wovor hast du Angst? Angst ist ein Ungleichgewicht (z.B. Lüge). Indem man dir Angst macht, will man dich hetzen. Welche Botschaft hat deine Angst für dich. Gestatte es deiner Angst, dir den 'schwarzen Schatten' auf deiner Seele zu zeigen. Erforsche und beschreibe deine körperlichen Gefühle. Steigere dich durch bewusstes Atmen und Bewegung weiter in die Gefühle hinein. Nenne deine Gefühle beim Namen und frage sie woher sie kommen. Rufe Tiamat und schicke die Gefühle an den Absender zurück.

Energieumwandlung

*Mondhörner und Sonnenscheibe auf dem Kopf der Göttin Hathor erinnern uns an die Metamorphose der Gegensätze in ihr Gegenteil. **Wenn man sich besser Zeit nehmen sollte (und nicht das Leben!)**, dann wandele man die negative Energie um:*

Nutze die Dämmerung, die Trennung zwischen den Welten, um das Mysterium deiner Existenz zu spüren und meditiere mit der Heilfarbe - dunkelgrün; nutze als Aromatherapie – Zypresse oder Lavendel oder Benzoe; wähle als Begleiter aus den Heilsteinen - Bergkristall, Aquamarin, Rauchquarz, Epidot; Alternativ: tanze einen Bauchtanz - alle Bewegungen ohne Einschränkung, tanze einfach so wie du Lust hast, lass dich von deinem Bauch führen. Du solltest dich hinterher deutlich besser fühlen und deine Energie sollte zurück gekehrt sein.

Die Vilas - nach osteuropäischem Glauben erscheint die Kraft der heimatlichen Erde in Gestalt einer Vila – einer Fee, einer wunderschönen Frau. Aber die Vilas (Feen) nehmen auch die Gestalt von Pferden, Wirbelwinden, Schlangen oder Schwänen an. Sie sind Abgesandte der glückbringenden Göttinnen wie Fortuna (Rom), Lakshmi (Indien) oder **Gaia** (Griechenland). Wenn da eine schöne Frau oder eine Schlange im Traum zu sehen war, hat dich eine Vila besucht. Was hat die Vila in deinem Traum getan? Sie hat dir einen Hinweis gegeben, den du beachten musst, um dir einen Wunsch zu erfüllen. Wähle deinen Wunsch.

Energieumwandlung

Jeder trägt die Verantwortung für seine spirituelle Entwicklung selbst. Wobei jeder zweimal lebt, einmal bei Tag und einmal bei Nacht. Mondhörner und Sonnenscheibe auf dem Kopf der Göttin Hathor erinnern uns an die Metamorphose der Gegensätze in ihr Gegenteil.

Wenn Illusionen das Handeln leiten, löse man sich von Gier und innerem Widerstand *durch die Umwandlung dieser negativen Energien:*

Nutze die Dämmerung, die Trennung zwischen den Welten, um das Mysterium deiner Existenz zu spüren und meditiere mit der Heilfarbe – dunkellila; wähle einen Begleiter aus den Heilsteinen – Serpentin, Morganit, Chrysopras, Onyx, Saphir; nutze als Aromatherapie – Beifuß oder Thuja oder Zwiebel oder Zypresse; tanze einen Bauchtanz – besonders Kombinationen der kraftvollen Bauch-, Hüft-, Becken-bewegungen miteinander und mit Schritten. Du solltest dich hinterher deutlich besser fühlen und deine Energie sollte zurück gekehrt sein.

Magischer Kreistanz

Die Große Göttin (die universelle Schöpfungskraft) entfaltet sich in ihren unterschiedlichen Aspekten im Bauchtanz, dem Tanz der Göttin. Entstanden in Ekstasekulten des Matriarchats, wurde Bauchtanz von Anbeginn zur Schöpfung neuer Lebenskraft (Energieumwandlung) getanzt. Er ist die Reise zu sich selbst, ist im Bewusstsein der Göttin tanzen, ist die Vereinigung von Körper und Geist (Herz und Seele) mit MA'AT durch Tanz. Tänzerinnen im Orient und im Mittelmeerraum kannten zu Beginn der Antike noch den Zusammenhang zwischen Tanzkunst und Magie, denn sie tanzten noch für und zu Ehren einer Göttin, mit dem Ziel im Tanz mit deren Geist eins zu werden und durch den Tanz deren Macht zu entfalten. In jener Zeit, die Bauchtanz als einen individuellen Weg zum Licht begriff, zum göttlichen Funken in uns selbst, war Bauchtanz im wesentlichen eine Kunst der Gefühlsumwandlung, die Kunst, der eigenen Natur auch geistig zu entsprechen. ,Hexerei', ,Zauberei' und ,Magie' sind nur Bezeichnungen für die Tatsache, das es einzig darum geht, die ,schwarzen Schatten' zu erkennen und dadurch zu verwandeln. Bauchtanz ist aber die Abweisung der Fremdbestimmung (schwarze Magie) durch den Rückgriff auf das Ur-Weibliche. Eine Bauchtänzerin demonstriert durch ihren Tanz in diesem Fall innere Unabhängigkeit bzw. Charisma und das heißt: Herrschaft über das Unterbewusstsein (die Finsternis). Den Zusammenhang zwischen Tanz und Magie hat man vergessen und 55 nach Christus den letzten Göttinnentempel im Mittelmeerraum geschlossen. Heutzutage leben wir in einer Gesellschaft, in der wir das wollen, was wir wollen sollen und das heißt in der Regel, unseren Geisteszustand von anderen bestimmen zu lassen. Das Ergebnis ist Impotenz, Protest der Seele (bis hin zu deren Verlust), Ohnmacht. Um heutzutage mit dem Tanz magisch zu wirken, müssen wir mit Hilfe des Tanzes unsere Aufmerksamkeit zurück erobern. Der Tanz der Göttin ist Meditation – Bauchtanzmeditation: Mit dem Bauchtanz magisch wirken heißt, ihn als Meditation zu praktizieren. Das macht man dadurch, dass man die bewusste Wahrnehmung gezielt auf den eigenen Körper richtet. Die Verspannung muss in den Körperteilen lokalisiert (wahrgenommen) werden und dann im Tanz durch das Versenken in Rhythmus, Körperbewegung und Musik aufgelöst werden.

Bauchtanzmeditation ist die Kunst, in den einzelnen Körperteilen die (Ver-)Spannung zu akzeptieren und in der Hingabe an Musik, Gefühl und Rhythmus zu vergessen, los zulassen, zu entspannen. Ist man aber entspannt, gehört einem die Welt, denn man ist im Gleichgewicht mit der Schöpfungskraft (Kreativität / Magie).

Wenn wir uns schlecht fühlen, können wir davon ausgehen, dass die dunkle Energie, der Schatten, das Ungleichgewicht, die Spannung, die Verspannung, die schwarze Magie im Körper wirkt. Wenn wir dann tanzen, öffnen wir uns ganz bewusst der heilenden göttlichen Energie (vermittelt durch die Musik), indem wir unseren Körper benutzen und die überlieferten Figuren des Öffnens, Aufnehmens, Verteilens, Lenkens und Zentrierens der hellen Energie tanzen[2]. So heilen wir uns, denn der Körper vollzieht die uralte überlieferte Bewegung im Rhythmus der Musik und die Körperfrequenzen werden dadurch angehoben, es verschwinden daraufhin die Spannungen bzw. die Schatten, weil sie niedrigere Frequenzen aufweisen. In diesem Bewusstsein getanzt, wird jede Tänzerin zur Priesterin, der Körper wird zum Tempel des Geistes und Bauchtanz wird Göttinnendienst – das ist Bauchtanzmeditation.

Wenn die Tänzerin derart als Hohepriesterin fungiert, lenkt sie die hohe Energiefrequenz, vermittelt durch die Musik und die Tanzfiguren, nach unten in die Schatten und durch sich selbst hindurch in die Umgebung (=Segnung). Dadurch wird sie nicht nur selbst geheilt / entspannt, sondern wirkt auch als Kanal für die göttliche Energie (Schöpfungskraft / Kreativität) *Jetzt ist der Augenblick der Macht.* (Huna) Dieser ist fühlbar als ‚von innen heraus strahlen', ein Glücksgefühl, das die Tänzerin öffnet und das nicht unterdrückt werden kann. Eine entscheidende Rolle spielen dabei die Arme und Hände – die Gestik – weil diese die Energielenkung vollziehen und so die Tanzfiguren und damit die Persönlichkeit, vollenden. Nimm die Verspannung nur zur Kenntnis und akzeptiere sie ohne Wertung, dann höre die Musik und tanze und öffne dich den Bewegungen und der Musik.

Vorschlag: Tanze zusammen mit den Frauen deiner Gruppe oder deines Covens folgende Figuren-Kombination nach dem Instrumentalteil auf der

---

[2] In dem Buch: *Orientalischer Tanz und Ekstase – der weibliche Weg zum ‚magischen Feuer',* Berlin 2000; habe ich Bauchtanzfiguren ausführlich beschrieben.

CD ‚The magic of belly dancing' von Georges Abdo zwecks Anrufung der Göttin mit Zimbeln und als magisch, mystische Einstimmung zu einem festlichen und für euch wichtigen Anlass (Ritual, Jahresfest, etc.), indem ihr euch in einem großen Kreis aufstellt, in der Mitte der Altar mit dem Bild der Göttin (oder ihrem Symbol), und diese Reihenfolge in Kreisrichtung nach links tanzt:

Grundschritt, Grundschritt, Welle, Welle; Drehung, Drehung, großer Kreis nach links; Rechte Seite: Drop vorn, Drop hinten, Drop vorn, Drop hinten, horizontaler Brustkorbkreis; Wiederholung andere Seite: Drop vorn, Drop hinten, Drop vorn, Drop hinten, horizontaler Brustkorbkreis; Vertikaler Brustkorbkreis (4 Takte), Drop links, Drop rechts; Drehung, Drehung, großer Kreis nach rechts; Anschließend wieder mit dem Grundschritt beginnen usw. bis die Musik endet.

Jetzt beginnt eure magische Arbeit mit der umgewandelten Energie, indem ihr euch im Kreis nieder setzt und der Hohepriesterin zuschaut, die, z.B. zum Zwecke des Hellsehens, in der Mitte vor dem Altar ein Schleier-Solo tanzt, wodurch ihr, wenn ihr euch, nichts besonderes erwartend, auf die Tänzerin einlassen könnt, allmählich in einen gesteigerten Bewusstseinszustand geratet, in dem ihr Dinge seht, die euch wie im Traum erscheinen und aus eurer Zukunft kommen. Der magische Kreis wird aufgelöst, indem ihr die Einstimmungs-musik vom Anfang diesmal in Kreisrichung nach rechts und ohne Zimbeln tanzt. Dann beginnt der gesellige Teil, indem ihr alle zusammen tanzt, jeder wie er möchte, nach einer Musik, die Freude ausdrückt.

Bauchtanz, auf die Dauer jahrelang und regelmäßig praktiziert, führt immer wieder in die eigene Mitte, stellt dadurch das körperlich / seelische Gleichgewicht immer wieder erneut her. Das kann den Zugang zum Licht eröffnen, indem Bauchtanz auf sanfte Weise die Kundalini erwachen lässt. Jenes Energieband, das durch die Wirbelsäule von unten nach oben steigt und die Chakras miteinander verbindet. Auf diese Weise werden die Siddhi-Kräfte (wie zum Beispiel Hellsehen, Hellhören, Hellfühlen, Telepathie, Levitation und Heilen) geweckt, und wenn man dann lernt, sie zu benutzen, kann man auch ohne Reiki-Initiation mit dieser Energie z.B. durch Handauflegen heilen.

Weiße Magie

Die Ur-Religion der Großen Göttin findet eines ihrer Abbilder in der alt-ägyptischen Religion. Nach dem alt-ägyptischen Weltbild und dem Gesetz der Göttin HATHOR hat jeder Mensch auf Erden die Aufgabe MA'AT (= neues Gleichgewicht durch Wahrnehmen der Wahrheit) zu verwirklichen, dann ist man im Besitz von HEKA (Magie) und dient mit seiner Magie dem Schöpfungswerk, weshalb man am Ende, nachdem das ‚Herz' mit der ‚Feder der MA'AT' abgewogen wurde, im Paradies wieder aufersteht. Indem man dieser Aufgabe entspricht, wirkt man weißmagisch: Teilnahme am Schöpfungsakt durch Herstellung von Harmonie; denn HEKA (Magie) ist uns von den Göttern gegeben, um böse Ereignisse abzuwehren. HEKA ist eine unabhängige Energie, die universelle Schöpfungsenergie und verbindet Diesseits mit Jenseits. *Es gibt keine Grenzen* (zwischen den Gegensätzen, d. V.). (Huna) Es haben auch die Jenseitigen Zugang zur Magie. Die Lebenden haben durch ihre Gefühlswelt Anteil an ihr. So erfüllt Zauber (HEKA) im Ruhezustand (in der Entspannung!) den Leib, in der Transformation jedoch, ist Zauber ‚eine wirkende Kraft, die der Ägypter im Bilde von Licht und Feuer sieht'. (Hornung)

Die Schöpfung (der Urknall) wird als Geburt des Lichts gesehen. Es geht in der Ur-Religion immer um die Umwandlung von Finsternis in Licht. Das Paradies wird durch die Umwandlung von Schatten (Weltverlust, negative Gefühle) in Licht (Gleichgewicht, positive Gefühle) hergestellt.

Weiße Magie ist nichts anderes als die Herrschaft des Geistes (Willens) über den Schmerz (das ‚böse Leiden'), sei er nun physischer oder psychischer Natur. Den Schlüssel zur weißen Magie hütet die Große Göttin, die das All geschaffen hat. Die Große Göttin befreit dich, sobald du dich ihr anvertraust und nach ihren Regeln lebst.

Das Ausüben weißer Magie, also die Herstellung von Ausgleich durch Energielenkung entsprechend der Ur-Religion der Großen Göttin, ist im Buch Thoth (das Große Arkanum des **Tarot**) überliefert:

Das Buch Thoth: Energielenkung (I Der Magier) nach dem Gesetz der Energielenkung (II Die Hohepriesterin) lässt einerseits Energie selbst (III Die Herrscherin) frei fließen und bewirkt damit zum anderen die Existenz auf Erden, die Selbstschöpfung, Vervollkommnung (IV Der Herrscher).

Das Gesetz zur Energielenkung beinhaltet die Einbeziehung bzw. Anerkenntnis des Verborgenen (AMUN), der im Verborgenen wirkenden Kraft des Ausgleichs, durch die Berücksichtigung der eigenen Beweggründe und die der Umwelt, und durch die Kontaktaufnahme mit dem BA (V Der Hohepriester), dem geistigen Führer oder ‚höheren Selbst', mit der Fähigkeit ‚Leben zu spenden'. Man erlangt diesen Kontakt durch Beachten der Eingebung, Intuition (VI Die Liebenden), anders ausgedrückt: indem man seinem ‚Herzen' folgt. Die Wahrnehmung und Befolgung der Intuition dient der Fähigkeit zur Energielenkung und zur Änderung der ‚inneren Einstellung', das ist der Sieg über den Schatten (VII Der Wagen).

So entspricht man der im verborgenen wirkenden Wahrheit und dient MA'AT (VIII Die Gerechtigkeit) selbst. Man ist unterwegs zur Göttin, da man mit dem Beachten und Befolgen der Eingebung unterwegs zum Licht, zum Lichtwesen, zum ‚göttlichen Funken' in sich selbst (IX Der Weise) ist. Durch die Wahrnehmung der Intuition verwandelt man Körper (Finsternis) in Geist (Licht).

Das Schicksal (X Das Rad), der ewige Wandel bzw. die ewige Wiederkehr, gestaltet sich entweder als Fügung (XI Die Kraft) oder Verhängnis (XII Die Prüfung), je nachdem, ob man es jeweils schafft, Finsternis in Licht umzuwandeln bzw. negative Energie zu lenken.

Erlebt man das Schicksal als Verhängnis beinhaltet das gleichzeitig die Notwendigkeit sich selbst zu ändern, um das Schicksal zu verändern. Bei dieser Selbstveränderung muss man durch einen Durchgang (XIII Der Tod) gehen, eine Tür durchschreiten, eine Trennung, eine Grenze, einen Abgrund (z.B. Krankheit) überwinden.

Indem man sich auf das richtige Maß besinnt (z.B. durch ändern der ‚inneren Einstellung' – beachten der Gedankengänge und aufsuchen des entgegengesetzten Standpunkts) ohne das Ziel aus dem Auge zu verlieren, findet man ‚den richtigen Dreh' (auf dem entgegengesetzten Weg das Gegenmittel), um entsprechend diesem Mittel die Neuordnung im Feinstofflichen / Ewigen (XIV Die Wiederverkörperung) zu erreichen. Derart wandelt man das ‚böse Leiden' (XV Der Teufel) in den KA, den Traumkörper bzw. den Diener, der die Dinge nachts in der Unterwelt für uns regelt bzw. manifestiert und das kosmische Ur-Paar (BA und KA) ist geboren. So ist man über den Berg, das reinigende Gewitter (XVI Die Zerstörung) ist vorbei, man ist der Gefahr entronnen und die Gegner sind besiegt. Von oben, den Ahnen, Göttern, Sternen (XVII Die Sterne) strömen einem hilfreiche Kräfte zu. Die Gegensätze: das Chaos, das Unbegrenzte, die ‚Große Göttin' (XVIII Der Mond) und das Paradies, der ‚große Gott' (XIX Die Sonne) sind vereint; anders ausgedrückt: Das Paradies ist in der Unterwelt wiederhergestellt und bewirkt Wunscherfüllung, Rettung, Auferstehung der Seele (ACH), Vereinigung mit dem Lichtwesen, Unsterblichkeit (XX Alles in Allem), und man tritt wieder in die Welt der Harmonie (XXI Die Welt) ein.

Wer nicht auf diese Weise Magie einsetzt bzw. in seinem Leben wirkt, verkennt seine inneren Kräfte und bleibt ein Spielball seiner Umwelt (0 Der Narr).

Die **Göttin Hathor** führt Nefertari durch die Unterwelt (Finsternis) – Abbildung im Grab der Nefertari

138

Nachtfahrt

Hathor führt Nefertari
durch die Unterwelt,
obgleich kein Licht
ihr das Dunkel erhellt.
Sie müssen an Ammut vorbei,
die das Schwarze frisst,
und langsam tritt Dämmer
in die unheimliche Welt.

Schon sehen sie den Fluss
und das rettende Land.
Im Dickicht der Böschung
lauern Krokodile – zu viert.
Doch Nefertari, an der Göttin Hand,
allmählich die Angst verliert.

Sie denkt: Wie gut, dass Ammut
auch das Schwarze frisst,
andernfalls schluckt sie das Leuchten
der wandernden Seelen,
wenn sie hinübergehen.
Damit mir am Ende nichts mehr passiert,
bekommt sie zu Lebzeiten das Schwarze serviert.
Die Göttin beschützt mich.
So soll es geschehen.

MA'AT

Alle Ungleichgewichte im Kräftefeld der Schöpfung, das sind Ungerechtigkeiten im Kräftefeld der sozialen Beziehungen, lassen den Schatten hervortreten. Der Schatten ist die sichtbare Trennung von Körper und Geist. Entsprechend leiten alle Ungleichgewichte die Trennung von Körper und Geist ein und blockieren die Lebensenergie, was bis hin zum Tod (die endgültige Trennung) gehen kann. Blockierte Lebensenergie nimmt eine Form von Stillstand, Erstarrung, Schwere, völlige Finsternis an. Aber die Göttin regiert die Finsternis. So wie sich nach dem *Gesetz der Hathor* das Licht in der Dunkelheit regeneriert, regeneriert sich der Geist des Menschen in der Gefühlswelt des Körpers, im Unterbewusstsein, im Schlaf, im Traum. Das Versenken ins Innere der Gefühlswelt des Körpers per Traum, Rhythmus, Meditation oder mittels der Befragung des Orakels ermöglicht das Sehen des Wirkungszusammen-hangs der Kräfte, die hinter den Dingen stehen, um sich dann richtig, im Einklang mit der eigenen Mitte, verhalten zu können. Die richtige Entscheidung kann man körperlich als Leichtigkeit, Entspannung bzw. innere Ruhe, inneren Frieden spüren.

Wie die Gegenkraft orientierungslos, besinnungslos, ohnmächtig macht, macht die Erkenntnis des tatsächlichen Zusammenhangs der Situation, die Erkenntnis der Wahrheit des Wirkungszusammenhangs, körperlich spürbar leicht, frei, wach, ruhig und kraftvoll, sofern man diese Wahrheit in die zutreffenden Worte fasst oder als inneres Bild erkennt. Darüber hinaus greift das Bewusstsein der hinter den Dingen stehenden Wahrheit in den Wirkungszusammenhang ein und verändert die Situation. Im alten Ägypten hatte man die Lebensaufgabe seinen inneren Frieden als Kraftzustand, Energiezustand aufzusuchen, ein Zustand, der einen geistig klar werden ließ, gelassen und fähig, Entscheidungen im Sinne des ‚Gleichgewichts in der Schöpfung' (hier: Welt der sozialen Beziehungen) zu treffen.

MA'AT verwirklichen hieß: im Einklang mit einer Kraft, die ausgleicht handeln, dann hatte man inneren Frieden, Energie und Entspannung. Das funktioniert heute noch genauso. Wie erkennt man aber die gegenwärtige Kraft, die ausgleicht? Zu dieser Erkenntnis verhilft uns das Orakel – das Tarot.

Das Tarot Orakel, die 22 Karten oder ‚das Große Arkanum', enthält das Gesetz der Göttin Hathor und ist eine Einweihung (Initiation) darüber wie man innere Unabhängigkeit erlangt und unbeirrt seinen Weg zur Selbstwerdung (Vervollkommnung) geht. ‚Selbstwerdung' besteht darin, im Gleichgewicht mit der Schöpfungskraft zu existieren, in dem Sinne, dass man auf seinem Lebensweg durch die verschiedenen Schicksalsschläge hindurch ‚Herz und Seele' (Körper und Geist) in der Existenz und MA'AT (die göttliche / natürliche Harmonie auf Erden) immer wieder aktiv in Übereinstimmung bringt. Bezüglich der Energielenkung (Verhältnis der Schöpfungskraft zur Existenz auf Erden) zeigt das **Tarot** uns folgende Zustände:

Das Große Arkanum:
1) Energielenkung, Besitz der Energie (I)
2) Wissen, Gesetz der Natur, Buch der Schatten, Kenntnis des Zusammenhangs, Gesetz der Energielenkung (II)
3) die Energie selbst, das Ziel (III)
4) Selbstverwirklichung in der Existenz (IV)
5) Kontakt mit dem Höheren Selbst, dem BA (V)
6) Eingebung, Intuition (VI)
7) die geänderte ‚innere Einstellung', die Vereinigung der Gegensätze (z.B. oben und unten) bzw. der Sieg über den Schatten (VII)
8) die göttliche Ordnung auf Erden: MA'AT selbst (VIII)
9) unterwegs zum Lichtwesen, zum göttlichen Funken in sich (IX)
10) Das Schicksal, das Auf und Ab der Ereignisse (X)
11) Das Schicksal als Fügung, die Macht (XI)
12) Das Schicksal als Verhängnis, die Prüfung (XII)
13) Verwandlung, Veränderung, Übergang (XIII)
14) die Neuordnung im Feinstofflichen, Ewigen (XIV)
15) das ‚böse Leiden' oder der Traumkörper bzw. der KA, der die Dinge für einen regelt (XV)
16) d. Konflikt, d. Konkurrenz, d. Gewitter, über d. Berg (XVI)
17) Hilfe von oben, von den Ahnen, den Göttern, aus dem Universum (XVII)
18) das Unbegrenzte, die Unterwelt, das Unbewusste, die Nacht, die ‚Große Göttin' (XVIII)
19) das Paradies (Hingabe und Vertrauen), der Tag, die bewusste Wahrheit, der ‚große Gott' (XIX)

20) die Vereinigung mit dem Lichtwesen, die Unsterblichkeit, die Regeneration der Lebenskräfte (XX)

21) die Welt der Harmonie (XXI)

22) keinen Zugang zu den eigenen Kräften, Spielball der Umwelt (0)

Fragt man z.b. nach seiner Energie indem man aus den gemischten 22 Karten mit der linken Hand nacheinander zwei Karten zieht und erhält die Antwort 15 und 10, so bedeutet das je nach Intuition z.b.: Leiden im Auf und Ab der Ereignisse. Die erste gezogene Karte ist die Antwort auf die Frage und die zusätzlich gezogene Karte erläutert die Antwort genauer. Entsprechend weiß man, dass man etwas unternehmen muss, um das Leiden dadurch zu beenden, dass man die eigene Existenz wieder in Übereinstimmung mit der göttlichen Ordnung bringt. Als nächstes fragt man die Karten was man dafür tun soll und bekommt auch darauf eine Antwort. Um jeden Tag aufs neue diesem Ziel: ‚Herz' und MA'AT ins Gleichgewicht zu bringen, nachzukommen, kann man auch das Göttinnen-Orakel in diesem Buch in Kombination mit einer Karte für den Tag aus dem Tarot-Orakel benutzen.

<u>Zum Beispiel:</u> zog ich für den heutigen Tag: die Göttin ISIS und die Karte IV. Das heißt in meinem Fall: meine Umgebung will mich anders haben als ich bin, aber das Übel weicht vor dem zurück, der die Sonne im Herzen hat und ‚Selbstverwirklichung in der Existenz' (IV) bringt mir die Sonne (Freude / Vertrauen) zurück. Deshalb schreibe ich hier heute ganz entspannt und mit Begeisterung (und meiner Umgebung zum Trotz), für euch meine Gedanken nieder und weiß mich im Einklang mit der Schöpfungskraft.

Egyptian Tarot, Deck von Esther Casla

Vorschlag: Nutze das Göttinnen-Orakel in diesem Buch, um dir jeden Tag über den Zustand deiner Energie in der eben beschriebenen Weise klar zu werden. – Wenn du keine Tarotkarten hast, kannst du die Bilder bei www.aquatictarot.de kostenlos herunterladen, ausdrucken, auf Pappe kleben und schon hast du dein eigenes Großes Arkanum.

Die Macht der ‚inneren Entscheidung' – der ‚innere Raum'

Wenn wir uns in einem Abhängigkeitsverhältnis mit einem autoritären Charakter ('kleinen Tyrannen') konfrontiert sehen und nicht die Flucht ergreifen und ausweichen können, z.b. keinen anderen Job, Eltern, Vorgesetzten, etc. finden können, müssen wir uns der Konfrontation stellen indem wir unsere ‚innere Entscheidung' ändern.

Besonders Frauen befinden sich häufig in einem solchen Abhängigkeitsverhältnis, in dem sie ‚runter gemacht', abgewertet, klein gemacht, erniedrigt werden, weil z.b. der Chef unfähig ist, bei Problemen durch Anregung zu motivieren, sondern stattdessen, wenn etwas nicht klappt, einfach nur Druck machen kann. Aber auch Männer können sich z.B. im Arbeitsverhältnis konfrontiert sehen mit der menschenverachtenden Einstellung eines Typen mit ‚Feindseligkeitssyndrom', der erwartet, dass seine Untergebenen ‚sich selbstquälerisch zurückschraubend', als konkurrierende Maschinen bei ihm im Perfektsein wetteifern, während er sich selbst jeden Fehler erlaubt (Selbstbedienungsmentalität).

Ein Mensch mit tobsüchtigem Charakter, resultierend aus der Einbildung, er sei etwas Besseres als andere, stiehlt sich schlichtweg aus der Verantwortung, die er für sich selbst hat. Er will unbedingt die Realität (soziale Wirklichkeit) negieren und mit aller Gewalt ein Machtverhältnis aufrecht erhalten. Er will, dass alles so bleibt wie es ist. Die Realität verändert sich aber, und die Dinge sind ständig im Fluss. Sollte man nun zufällig Ausdruck dieser im Fluss befindlichen Veränderung der Realität sein, dann bekommt man unter Umständen die negierende Gewalt eines solchen Charakters schmerzlich zu spüren. Wenn man dann im Arbeitszusammenhang z.B. auf eine Frage des Vorgesetzten einmal die ehrliche Antwort gibt, dass man keine Ahnung hat, macht er etwa in der Weise Druck, indem er z.B. rot anläuft und herumschreit: „Ich verbiete Ihnen, so mit mir zu reden."

Von einem solchen Menschen wird nicht nur die Kommunikation verweigert, sondern der Gerechtigkeitssinn seiner Mitmenschen permanent verletzt. Das tut weh. Wenn unser Charakter jetzt darin besteht, uns im Fall von Druck zurückzunehmen und ‚klein beizugeben', also innerlich die Flucht zu ergreifen, haben wir schon verloren und werden auf die Dauer krank, denn unsere Seele, das 'innere Feuer', die nach Entfaltung strebt, rebelliert in diesem Fall gegen unseren Charakter. Um unbeschadet aus solch einer Situation hervor zu gehen, ist jeder Bann- und Abwehrzauber geeignet. Notwendig ist es in diesem Fall aber auch, die ‚innere Entscheidung' eines sozialen menschlichen Wesens, das sich normalerweise auf den anderen einlässt und ebenbürtig kommuniziert, zu ändern und ‚dicht zu machen', den anderen nicht mehr zuzulassen, ihn genauso zu ignorieren wie er einen selbst zu ignorieren Willens ist, um die eigene Souveränität zu bewahren, die darin besteht, dem anderen gleich zu sein. Zu diesem Zweck braucht man inneren Abstand zum Geschehen durch die ‚Macht der Entscheidung' (einen Beschluss fassen). Um beispielsweise im oben genannten Fall über den Dingen zu stehen, kultiviere man in sich das Gefühl eines Wissenschaftlers, der im Labor steht und ‚den Stein des Anstoßes' als höchst interessantes zu untersuchendes Objekt in Augenschein nimmt, mit dem er eigentlich nichts zu tun hat.

Im Inneren denkt man sich dann im Fall des Wutausbruchs ironisch z.B.: „Wie ich es liebe von dieser ‚Knalltüte' als Fußabtreter benutzt zu werden" und sagt ruhig und gelassen, aber dabei innerlich unbeteiligt: „Entschuldigen Sie, dass ich nicht Allwissend bin."

Stell dir vor: Die Welt ist ein Zirkus! Du kannst dich von ihr - der Angst vor ihr - befreien, indem du sie nicht ernst nimmst, denn sie ist nur ein Zirkus. Wenn dein Chef dich unterdrückt und du innerlich denkst ‚ich liebe es dein Fußabtreter zu sein', nimmst du ihn nicht mehr ernst: Du entziehst dich der dir zugedachten Rolle des Sündenbocks und bist frei. Frei zu sein heißt, nicht mehr innerlich dagegen ankämpfen zu müssen und das bedeutet, seinen Geisteszustand nicht mehr von anderen bestimmen zu lassen. Genau das ist auch der Sinn der christlichen Worte: ‚halte die andere Wange auch hin, wenn dich einer schlägt' und ‚liebe deine Feinde'; denn die Bibel, ein altes Zauberbuch, ist nicht wörtlich zu nehmen, da sie nachträglich aufgrund mündlicher Überlieferung zusammen getragen und aufgeschrieben wurde.

Wem es schwer fällt, sich von einem Menschen, mit dem man täglich, oft stundenlang zusammen ist, nicht beeindrucken zu lassen oder mit einem befreienden Lachen die Situation zu entschärfen, der mache regelmäßig, bevor er seinen Alltag beginnt eine Schutzschild-Lichtmeditation. (siehe Anhang)

‚Selbstverwirklichung' heißt hier nicht, wie allgemein missverständlich angenommen: ‚ohne Rücksicht auf andere nur auf den persönlichen Vorteil bedacht sein', wodurch diese ‚Selbstbedienungsmentalität' entsteht, die unser Land in den Ruin treibt, weil dadurch eine gigantische Umverteilung von unten nach oben stattfindet, die jedoch kein Wachstum für alle schafft, wofür man dann wiederum die ‚Globalisierung' verantwortlich machen will.‚Selbstverwirklichung' bedeutet in diesem Buch: ‚Körper und Geist verbinden', um den Protest der Seele zu beenden. Das ist etwas, das nur gelingt, wenn man verantwortungsbewusst alle Umweltkräfte berücksichtigend, im Einklang mit der Kraft, die ausgleicht, wirkt. Das ist ‚Selbstverwirklichung' im Sinne einer Selbstwerdung, einer gleichzeitigen Selbst- und Realitätsfindung.

Schwarze Magie

Schwarze Magie ist jede Manipulation der umgebenden Kräfte ohne die Mitwirkung des Gegenübers bzw. Gegensatzes zu berücksichtigen. Als Beispiel kann genannt werden: Verführung und Übervorteilung, Ablehnung und Neid, Hass, ungerechte Behandlung, autoritäre Erziehung; kurz: Alle Manipulationen, die gegen den Willen des anvisierten Objekts vorgenommen werden. Die schwarzmagische Beeinflussung der Menschen erfolgt z.B. durch Werbung in den Medien (Verknüpfung von Wille und Vorstellung des anvisierten Objekts mittels einer Analogie zum realen Bezug, wie beispielsweise in der ‚Slim Fast' TV-Werbung „Wenn ich das kann, können Sie das auch!") über die gesamte Unterhaltungsindustrie unserer Gesellschaft bis hinein in Wissenschaft und Politik. Nicht zu vergessen sind jedoch auch die anderen Ratgeber für das Bewusstsein, wie Elternhaus, Schule, Mitmenschen, Arbeit, Zeitgeist. Wie man sieht, ist alles einbezogen in dieses Wirkungsfeld zur Manipulation des Bewusstseins und damit des Willens. Kurz zusammengefasst: Die Schwarzmagier, also diejenigen, die uns zu ihren Gunsten verführen, uns etwas einreden und ihren Willen aufzwingen wollen, können überall sein. Im allgemeinen ist es daher unser Karma, dass wir das wollen, was wir wollen sollen. Viele von uns wissen gar nicht mehr was sie selber wollen. Darin besteht die Krankheit unserer Zivilisation: Wir sind anfällig für jegliche Verführungskunst und richten unser Leben in Wirklichkeit nach den Wünschen anderer. Irgendwann rebelliert die Seele dagegen, was wir körperlich spüren, wir werden krank. Die Krankheit entpuppt sich bei genauerem Hinsehen als Protest unserer Seele gegen Anteile schwarzmagischer Prägung unseres Charakters. Energiezustände schwarzer Magie sind dabei gekennzeichnet durch z.b. Orientierungslosigkeit, Lustlosigkeit, Langeweile, keinen klaren Gedanken fassen können, wie gelähmt sein, Schmerzen, Angst, Hass, Sorgen, Trauer und dergleichen mehr. Während Energiezustände weißer Magie sich anfühlen wie Freude, Wärme, Lust, Wohlbefinden, motiviert sein, das Leben in vollen Zügen genießen usw.. Moderne Beispiele für schwarze Magie sind das ‚Schuld zuweisen' und das ‚Mobbing'. Beim 'Mobbing' (von der Meute gehetzt), dieser speziellen Form der Verweigerung des Miteinanders, wirkt sich das Hervortreten des schwarzen Schattens aus, jener Zustand der Energie, der im Falle der beginnenden Trennung von Körper und Geist auftritt und zur Paralyse (Lähmung) führt. In Fällen massiver Angriffe wie z.B. Mobbing, muss man sich Hilfe von außen holen (Ärzte, Beratungsstellen, Anwälte etc.). Zusätzlich sollten jedoch auch noch die der Persönlichkeit fehlenden Energiequalitäten ersetzt werden. Die mangelnde Seelenstärke kann durch Lichtwesen (wie z.B. Engel) ausgeglichen werden. Ich persönlich bevorzuge die Hilfe der Lichtwesen des Großen Arkanum[3] des Tarot. Energie geht zum Glück nicht verloren, das lehrt uns schon der 'Energieerhaltungssatz' der Physik. Energie bleibt immer erhalten, sie kann lediglich in verschiedene Zustände - hypothetisch gesprochen: beginnend mit 'beweglich', 'fließend' (Leben) und endend bei 'still stehend' (Tod) - umgewandelt werden. Fühl- und sichtbar werden diese Zustände des Lebens als Wachheit, Leichtigkeit, Helligkeit und die des Sterbens als Trancen, Schwere, Steifheit, schwarze Schatten. Es ist möglich den schwarzen Schatten in helle, heilende Energie umzuwandeln. Wer keine Lust hat, sein Leben von unbegriffenen Kräften regieren zu lassen, besinne sich auf sich selbst, besinne sich auf seine

---

[3] Eine ausführliche Anleitung hierzu erhält man in dem Buch: Tarot-Geister rufen, Norderstedt 2009.

wahren Wünsche, und bedenke, dass sein Charakter sein Schicksal (Karma) ist! Wenn man sich an sich selbst erinnert, kann man die 'schwarzen Schatten' in das Licht der Erkenntnis verwandeln, dadurch die schwarzmagische Programmierung des Charakters löschen und das eigene Schicksal, also das, was einem geschickt wird, in den Griff bekommen. Die Schaltzentralen des Körpers bei der Steuerung (Umwandlung / Lenkung) der Körperenergie (Schwingung / Geist) heißen Chakra. Die Beeinflussungsmöglichkeiten der Chakras sind vielfältig. Sie gehen von direkt auf die körperliche Ebene einwirkende Methoden, wie Tanz, Yoga, Tai Chi, bis hin zu Methoden für die spirituelle Ebene mit Heilsteinen, Aromatherapie, Bachblüten, Meditation u.ä., über jene das Bewusstsein und damit die Entscheidungsebene des Individuums beeinflussende Methoden, wie Kartenlegen, Rituale, Pendeln, Orakel, Traumdeutung, etc.. Wenn wir im Sinne der Großen Göttin wirken wollen, müssen wir aus all dem jeweils die Methode der Energielenkung für uns heraussuchen, die unsere Energie und damit unser Dasein am besten zum Positiven wendet. Kriterium beim Bestimmen der besten Methode bleibt dabei unser Gefühlszustand. Im Umgang mit ‚schwarzer Magie' gilt in jedem Fall, um das ‚böse Leiden' in den KA zu verwandeln, der nachts in der Unterwelt die Harmonie wieder herstellt, muss die Disharmonie (Ungerechtigkeit, Ungleichgewicht) bemerkt, bewusst wahrgenommen werden (‚*Gefahr erkannt, Gefahr gebannt'* sagt der Volksmund.). Desweiteren darf man sich nicht beeindrucken lassen. Bei schwarzmagischen Prägungen des Charakters stammt die schwarze Magie bereits aus der Vergangenheit. Man erkennt die schwarzmagische Prägung des Charakters am sogenannten ‚Überreagieren'. Wenn man sich z. B. über Kleinigkeiten ärgert und aufregt, oder in Panik gerät, sobald man durch Ereignisse überrascht wird, sollte man von einer schwarzmagischen Prägung ausgehen, die aus der Vergangenheit stammt. Neben der Erkenntnis der Ursache hilft hierbei oft ein Mantra der Vergebung, um frei zu werden. Dabei wiederholt man innerlich ca. 15 Minuten oder so lange wie nötig das passende **Vergebungs-Mantra**, auch in Kombination miteinander:

„Ich vergebe mir selbst." „Ich vergebe meiner Lebenssituation." „Ich vergebe meiner Arbeitssituation." „Ich vergebe meiner Beziehungssituation." „Ich vergebe meiner finanziellen Situation." (etc. - jeder denke sich selber das für seine Situation passende Vergebungs-Mantra aus.)

Der Mensch kann nicht jederzeit vergeben. Es ist eine Fähigkeit, die tatsächlich nur vorhanden ist, wenn man im Einklang mit der Kraft ist, die ausgleicht. Wenn man vergeben kann, so ist man in der glücklichen Lage von widrigen Umständen oder Menschen befreit zu werden, indem man im Akt des Vergebens von den unangenehmen Gefühlen, die mit den Gedanken an diese Umstände oder Menschen verbunden sind, erlöst wird.

Wenn es also nötig ist, versuche man in Zeiten, in denen man sich über etwas ärgert, eine *Autosuggestion vor dem Einschlafen*, etwa so:

> „Ich vergebe von Herzen! Ich vergebe meiner Lebenssituation. Ich vergebe meiner Arbeitssituation. Ich vergebe mir selbst. Ich vergebe meinen Eltern. Ich vergebe meinen Geschwistern. Ich vergebe meinen Kindern. Ich vergebe meinen Mitmenschen. Ich vergebe der Welt."

Man variiere den Spruch je nach Bedarf und wiederhole ihn so lange, bis der Schlaf kommt. Insofern man im Einklang ist mit der Kraft, die ausgleicht (Schöpfungskraft), wird man sich befreit fühlen.

Dadurch, dass sich die Schwingungen des spirituellen Körpers mit dem Emotionalkörper verbinden, fängt dieser an schneller zu schwingen und verliert die Erinnerung an die negative Erfahrung. (Vgl. Sharamon, Baginski, 1992)

Alternativ zu einem Vergebungs-Mantra ist Reiki das geeignete magische Mittel, entweder als Fernreiki auf die Vergangenheit oder als Umwandlungsreiki für die augenblicklichen negativen Gefühle. Beachte: Reiki, als mächtiges Instrument zur Energieumwandlung, darf nur auf negative Energie angewendet werden.

Umwandlungszauber bei Kenntnis der Ursache

Schon immer gab es Menschen, die mit Hilfe von Magie Ungerechtigkeiten, die man ihnen antat, ausgleichen konnten, denn es ist lediglich notwendig, die aus der Ungerechtigkeit resultierende negative Energie umzuwandeln, indem man z.B. die Ungerechtigkeit erkennt und beim Namen nennt und die negative Energie, die diese Ungerechtigkeit hervorruft, wahrnimmt und beispielsweise mit Hilfe eines kleinen Rituals umwendet (projiziert). Der Sage nach geschah einmal folgendes:

„Das Feuer der Hexe

Eine Witwe im Ries hatte einen Sohn, der war ein Einspänniger, der fuhr auf der Straße und ernährte damit seine alte Mutter. Da geschah es, dass er von einem Herrn von Hohenstein gefangen und geschatzt wurde, und seine Mutter mußte ihn auslösen. Dies begab sich auch zum zweiten Mal, und die Mutter opferte all ihr Hab und Gut und löste den Sohn wieder aus. Als nun der Sohn zum dritten Mal ergriffen und auf das Schloß geschleppt und in den Turm geworfen wurde, vermochte die arme alte Witwe nicht noch einmal den Sohn auszulösen, denn sie war durch die vorigen beiden Schatzungen ganz verarmt. Und obschon sie sich mit flehenden Bitten an den Ritter wandte, so schlug doch deren keine an. Da sprach die Frau zu dem Herrn von Hohenstein:»Ihr habt mich zu einer Bettlerin gemacht, und nun wollt Ihr mir meinen Sohn im Turm verfaulen lassen! Aber ich schwöre Euch: Ehe noch mein Sohn verfault, sollt Ihr verdorren!« Der Ritter lachte über diese törichte Drohung, gab der Alten einen Fußtritt und ließ sie ziehen. Die Alte aber, die eine Hexe war, machte daheim unter Zauberformeln ein Bildnis, das setzte sie in einen Häfen und rückte den zum Feuer. Am anderen Morgen nach dem Frühmahl stand der Herr von Hohenstein bei einigen Edelleuten, die ihn besuchten, auf der Brücke und unterhielt sich mit ihnen; plötzlich aber begann er aufzuschreien:»Au! Au! Das brennt, das brennt!« Und er krümmte sich und schrie:»Feuer! Feuer! In meinen Eingeweiden! – Hu, die alte Hexe verbrennt mich! – Sattelt, sattelt mein Pferd!« Und er ächzte und stöhnte und warf sich auf das vorgeführte Pferd, sprengte nach Comburg in das Kloster, ließ sich mit den Sterbesakramenten versehen und war am anderen Tag am inneren Brand gestorben. Er liegt zu Comburg im Gang vor dem alten Kapitelhaus begraben. Er soll der letzte Hohensteiner gewesen sein, und sein Namensvetter auf dem Harz, der letzte Graf von Hohenstein, Lohr und Klettenberg, hätte nicht mit ihm getauscht; derselbe, dessen Grabmal dem des biederen Ritters Götz von Berlichingen so ähnlich sieht.“ (Bechsteins Deutsches Sagenbuch, S. 722)

Wer im Fall von Ungerechtigkeit (Konflikt) das ‚böse Leiden' nicht auf sich sitzen lassen, sondern es wieder in positive Energie umwandeln will, indem z.B. die negative Information zurückgeschickt wird, für den habe ich hier ein Ritual für einen Umwandlungszauber aufgeschrieben:

Du brauchst einen Bergkristall, dieser Kristall wird als festgewordenes Ur-Wasser bezeichnet und besitzt in der Hand eines Umwandlers (Magiers / Hexe / Schamane) die Gabe, Energie bzw. Information zu transportieren. Wenn du ungestört bist, ziehe den magischen Kreis um dich herum, konzentriere dich auf den Schmerz und die ‚böse Absicht' jenes Menschen, der dir das angetan hat. Nimm deinen Bergkristall in die rechte Hand, halte ihn in Höhe des Herzens und visualisiere wie all dieser Schmerz als Schwärze aus deinem Herzen in den Bergkristall fließt, bis der Bergkristall vor deinem inneren Auge vollkommen schwarz ist. Lass die Hand sinken, schließe deine Augen und visualisiere, dass du dich wie ein Diskuswerfer mehrmals auf der Stelle drehst und den schwarzen Bergkristall zusammen mit deinen negativen Gefühlen gegen die Person schleuderst. Siehe vor deinem inneren Auge, wie das Schwarze in der Person stecken bleibt und dein Bergkristall vollkommen rein und klar wie ein Bumerang in deine Hand zurückkehrt. Öffne die Augen, löse den magischen Kreis und spüre in dich hinein. All der Schmerz muss einer ruhigen Gelassenheit gewichen sein. Dann vergiss es und nimm deinen Alltag wieder auf in der Gewissheit, dass die Große Göttin für dich sorgt und dein KA (das umgewandelte Leiden) die Dinge nachts in der Unterwelt für dich regelt.

Wem es widerstrebt, die negative Energie zurück zu schicken, der kann alternativ dazu den Bergkristall mit dem visualisierten Schwarzen als Bumerang hoch in den Kosmos in die weißglühende Sonne der Gerechtigkeit schießen, dort wird alles Schwarze in Licht verwandelt und der gerechte Ausgleich vollzogen. Aber auch in diesem Fall muss der Schmerz einer ruhigen Gelassenheit gewichen sein, damit der Zauber wirkt.

Das Geheimnis ist die Umwandlung. Wir kommen aus dem Jenseits und gehen ins Jenseits. Geist wandelt sich in Körper und Körper in Geist. Nichts ist statisch. Alles ist Tanz. Jedoch haben wir zwischenzeitlich die Aufgabe der bewussten Lenkung von Energie, indem wir die gerade abwesende

Energie mit einbeziehen. Mittels unseres Geistes, der die Abwesenheit, z.B. von Freude, bemerkt und es nicht duldet, verwandeln wir den Schmerz in Gelassenheit, indem wir z.B. im Ritual, auf der abwesenden Energie bestehen und dadurch die anwesende negative Energie loslassen. Das ist im Einklang mit dem Tanz des Kosmos, der, wie wir am Beispiel des Wechsels der Jahreszeiten erkennen, in ewiger Wiederkehr, das Anwesende dem Vergehen übergibt und das Abwesende dem Werden. Wir übergeben im oben genannten Beispiel mit bewusster Absicht visuell den Schmerz dem Stein und transportieren ihn ins Licht oder zum Gegenpol. So wird der Schmerz ins Gegenteil verwandelt.

Umwandlungszauber ohne Kenntnis der Ursache

Als Magie zur Umwandlung negativer Energie, deren Ursache man nicht kennt, ist Reiki ein Mittel erster Wahl. Reiki ist ein machtvolles Instrument zur Energieumwandlung und sollte ausschließlich von erfahrenen Anwendern für negative Energien (Leiden, Probleme) benutzt werden.
Da aber nicht jeder von uns ein Lichtarbeiter ist bzw. sich mit Reiki auskennt, kann auch die folgende Visualisierung das Umwandlungs-Ergebnis erzielen:

Um einen Fluch bzw. eine schwarzmagische Manipulation zu beseitigen, verwende eine schwarze, eine weiße und eine grüne Kerze. Besorge dir durchgefärbte Kerzen.
Zünde zuerst die schwarze, dann die weiße, dann die grüne Kerze an. (Sinn: das Paradies in der Unterwelt wiederherstellen – schwarz ist die ,Große Göttin', weiß ist der ,Große Gott', grün ist deine Existenz auf Erden).
Ritze in die grüne Kerze deinen Namen hinein. Nimm die schwarze Kerze und ritze den Namen HATHOR hinein. Nimm die weiße Kerze und ritze den Namen RA hinein. (Oder wähle die Namen der entsprechenden Götter aus deinem Lieblings-Pantheon; denselben Zweck erfüllen auch die Namen ,Maria' und ,Christus'). Ziehe den magischen Kreis, stelle die drei Kerzen in Form eines Dreiecks, mit der Spitze nach unten vor dich auf deinen Altar.
Die untere Spitze wird von der grünen Kerze markiert, die rechte obere Spitze von der weißen und die linke obere Spitze von der schwarzen Kerze.
Zünde nun die Kerzen im Uhrzeigersinn an. Beginne mit der schwarzen. –

Setze dich in eine bequeme Haltung davor, lege einen Kerzenlöscher neben dich, entspanne dich und atme mehrmals tief durch. Konzentriere dich auf die grüne Kerze und schließe deine Augen. Dann stell dir in deiner Brust ein grünes Leuchten vor, dass sich allmählich im ganzen Körper ausbreitet. Nun stell dir zusätzlich im Kopf ein grünes Leuchten vor, dass sich im ganzen Kopf ausbreitet und mit dem grünen Leuchten in deiner Brust verbindet. Fühle dich einige Augenblicke in tiefes Grün eingehüllt und eingetaucht. Bitte nun, dein synchronisiertes grünes Selbst um Transformation der negativen Gefühle in deinem Körper. Benenne die Körperstelle, die verspannt ist oder schmerzt genauer. Z.B.: „Ich bitte mein synchronisiertes grünes Selbst um Transformation der Schmerzen in meiner linken Körperseite." Wiederhole diesen Satz so lange, bis du deutlich eine körperliche Rückmeldung erfährst. Das kann ein Farbwechsel sein, der sich plötzlich vor deinem inneren Auge abspielt. Das kann ein Wort sein, das dir plötzlich ins Bewusstsein kommt. Das kann einfach das Nachlassen der Spannung, des Schmerzes sein. Was es auch ist, es muss das Körpergefühl verändern. Mit der Veränderung des Körpergefühls zum Positiven hin, ist der Sinn des Rituals erfüllt. Wenn sich keine Veränderung des Gefühls einstellt, wiederhole den Vorgang mit einem blauen Leuchten (violetten Leuchten, weißen Leuchten).

Dann öffne die Augen, rezitiere einen Zauberspruch, etwa so: ‚Wie die Sonne die Dunkelheit verwandelt, so wird auch das Schicksal neu verhandelt. Durch die Macht von Drei mal Drei geht es mir gut, auf dass es so sei." Dann nimm den Kerzenlöscher und lösche die Kerzen gegen den Uhrzeigersinn, beginne mit der schwarzen Kerze. Löse den magischen Kreis und verwahre deine Kerzen bis zum nächsten mal an einem sicheren Platz (verwende dieselben Kerzen nur für diese Art Ritual). Denke nun nicht weiter darüber nach, vergiss es und nimm deinen Alltag wieder auf.

Für den Fall, dass du ungeübt im Visualisieren bist, versuche zuerst mittels Meditation ein Gefühl für dich und deinen Körper in deiner Vorstellung zu bekommen, indem du folgende Meditation in Rückenlage auf dem Boden oder dem Bett ausführst. Du solltest mindestens 30 Minuten ungestört sein.

Umwandlungs-Lichtmeditation

Sprich den folgenden Text (vgl. Johnson, 1995) auf eine Kassette oder CD und meditiere damit, wenn du ungestört bist:

Atme einige Male tief durch und wiederhole dabei mehrmals diese Affirmation:

„Ich entspanne mich tiefer und tiefer"

„Ich entspanne mich tiefer und tiefer"

„Ich entspanne mich tiefer und tiefer"

... usw.

Ich lasse nun meinen Atem zwanglos und friedvoll kommen und gehen. Ich fühle einen Smaragd im Zentrum meiner Brust und lasse zu, dass seine grünen Lichtstrahlen mein Herzzentrum erweitern und durch meinen ganzen Körper strahlen.

Jetzt stelle ich mir gleichzeitig einen Smaragd im Mittelpunkt meines Gehirns vor und spüre, wie sich seine grünen Lichtwellen durch das ganze Gehirn ausbreiten, das Mittelhirn, die rechte Hemisphäre und die linke Hemisphäre, das alte Gehirn am hinteren Teil des Kopfes.

Ich bitte nun mein ganzes Gehirn, sich mit den grünen Wellen des mittleren Alphabereichs zu synchronisieren und lasse zu, das die Empfindung der Lichtwellen sich ausbreiten und mich vollständig erfüllen, Gehirn, Körper und Aura.

Ich bitte mein Gehirn und mein Selbst darum, die Lichtwellen in meinem Innern zu fühlen. Ich fühle wie sie sich zuerst im Gehirn und dann im Rückenmark ausbreiten und jede einzelne Zelle im Körper erfüllen und durchdringen. (Vielleicht empfängst du ein bestimmtes sinnliches Feedback gleich von Anfang an, es ist aber auch möglich, dass erst nach einige Male die Wirkung spürbar wird. Früher oder später wirst du auf jeden Fall lernen, die Bewegung der Wellen im ganzen Körper zu spüren.)

Ich fühle jetzt einen Saphir im Zentrum meiner Brust und lasse zu, dass seine blauen Wellen mein Herzzentrum erweitern und meinen ganzen Körper durchströmen. Ich stelle mir nun gleichzeitig einen Saphir im Mittelpunkt meines Gehirns vor und spüre, wie sich seine blauen Wellen durch das ganze Gehirn ausbreiten, durch das alte Gehirn, das Mittelhirn, die rechte Hemisphäre und die linke Hemisphäre.

Ich bitte nun mein ganzes Gehirn sich mit den blauen Wellen des unteren Alphabereichs zu synchronisieren und lasse es zu, dass die Empfindung der Wellen sich vollständig ausbreiten und mich erfüllen, Gehirn, Körper und Aura.

Ich fühle die Wellen, die konkreten Energieschwin-gungen in meinem Innern, wie sie sich ausbreiten und dann über das Rückenmark jede einzelne Zelle meines Körpers durchdringen.

Ich fühle nun einen Amethyst im Zentrum meiner Brust und lasse zu, wie die violetten Wellen mein Herzzentrum erweitern und durch meinen ganzen Körper strömen.

Ich stelle mir nun gleichzeitig einen Amethyst im Mittelpunkt meines Gehirns vor und spüre, wie sich seine violetten Wellen durch das ganze Gehirn ausbreiten, durch das alte Gehirn, das Mittelhirn, die rechte Hemisphäre, die linke Hemisphäre.

Ich bitte nun mein ganzes Gehirn, sich mit den violetten Wellen des oberen Thetabereichs zu synchronisieren und lasse es zu, dass die Empfindung der Wellen mich vollständig erfüllen, Gehirn, Körper und Aura. Ich fühle die Wellen, die konkreten Energieschwingungen in meinem Innern, wie sie sich zuerst in meinem Gehirn ausbreiten und dann über das Rückenmark jede einzelne Zelle meines Körpers durchdringen.

Ich fühle nun einen Diamanten im Zentrum meiner Brust und lass zu, wie die weißen Wellen mein Herzzentrum erweitern und durch meinen ganzen Körper strömen.

Ich stelle mir nun gleichzeitig einen Diamanten im Mittelpunkt meines Gehirns vor und spüre, wie sich seine weißen Wellen durch das ganze Gehirn ausbreiten, durch das alte Gehirn, das Mittelhirn, die rechte Hemisphäre, die linke Hemisphäre.

Ich bitte nun mein ganzes Gehirn sich mit den weißen Wellen des mittleren Thetabereichs zu synchronisieren und lass es zu, dass die Empfindung der Wellen mich vollständig erfüllt, Gehirn, Körper und Aura.

Ich fühle die Wellen, die konkreten Energie-schwingungen in meinem Innern, wie sie sich zuerst in meinem Gehirn ausbreiten und dann über das Rückenmark jede einzelne Zelle meines Körpers durchdringen.

(Sobald du den Diamanten fühlst, empfinde dessen Mittelpunkt als dein eigenes Herzzentrum. Bitte den Diamanten sich auszudehnen, um dein Gehirn, deinen Körper und deine Aura zu erfüllen.

Empfinde diesen Diamanten mit seinen weißen Lichtwellen als dein eigenes synchronisiertes Selbst. Sprich mehrmals die Affir-mation:

„Ich bin mein eigenes synchronisiertes Selbst."

„Ich bin mein eigenes synchronisiertes Selbst."

„Ich bin mein eigenes synchronisiertes Selbst."

...

usw.)

Ich bitte nun um ein sinnliches Bild von meinem synchronisierten Selbst und aus meinem synchronisierten Selbst.

...

Und ich bitte nun um eine Affirmation aus demselben tiefen Raum in meinem Innern.

...

Ich fühle, wie sich mein synchronisiertes Selbst ausdehnt und stelle mir eine vergangene Situation vor, in der ich tiefen Frieden empfunden habe. Ich benutze meinen gesamten Sinnesapparat (riechen, schmecken, hören, sehen), um mir die Szene zu vergegenwärtigen. Ich spüre die Lebendigkeit dieser Szene. Ich bitte darum, dass alle gegenwärtigen begrenzenden Gedanken, negativen Gefühle und Überzeugungen in diese Szene geholt werden und lasse zu, dass sie von dem empfundenen Gefühl tiefen Friedens transformiert werden.

Des Menschen Wille ...

... *ist sein Himmelreich.* (Volksmund) Und: *Was du nicht willst, das man dir antut, das füge auch keinem anderen zu.* (Volksmund) Daraus wurde das Hexencredo:

„Alles, was du aussendest kehrt dreifach zu dir zurück, deshalb tue was du willst, aber schade niemandem."

Dieses Credo verwässert die Essenz der Magie, denn es beruht auf einem rein mechanistischen Weltbild. Deshalb sollte man diesen Spruch nicht so ernst nehmen. Sobald man davon ausgeht, dass jeder das erhält, was er verdient, auch wenn er es nicht für möglich hält, hat dieser Satz keine Geltung mehr. Denn das was du aussendest kann ein Teil von jener Kraft sein, die ‚stets das Böse will und stets das Gute schafft' (Goethe). Anders ausgedrückt: *Die Welt ist* (für dich, d. V.*), wofür du sie hältst.* (Huna) Es versteht sich von selbst, dass man nicht einfach hingeht und z.B. jemanden umbringt, wenn es einem ‚in den Kram' passt. Das verstößt gegen jede Regel mitmenschlichen Miteinanders. Als Credo reicht deshalb völlig aus: *„Wenn es niemandem schadet, tue, was du willst."* (Crowley, S. 56) Allenfalls könnte man noch hinzufügen: *„Schade auch dir selbst nicht."*

Wir können selbstverständlich, wenn es uns schlecht geht, den vermeintlichen Verursacher unserer Schmerzen nach Herzenslust verwünschen, ohne uns selbst dadurch in Gefahr zu bringen. Im Universum des Feinstofflichen, durch das wir alle miteinander verbunden sind, geschieht ohnehin nichts, was im Namen der großen Göttin verändert werden soll, ohne ihr Einverständnis. Anders ausgedrückt: Der Fluch trifft denjenigen nur, wenn die Große Göttin es zulässt. Andernfalls passiert überhaupt nichts. Dies bezeugt ein Vers in einem Zigeunerlied, der auch als Zauberspruch gegen Krankheit verwendet wurde:

> Sieben Dämonen kamen übers Feld gegangen,
> Wollten des Mannes Leben fangen,
> Wollten, dass es sterbe,
> Wollten, dass es verderbe,
> Doch stärker war das Leben,
> Sie mussten frei es geben.

Es gilt in dem Kräftefeld der zwischenmenschlichen Beziehungen nicht für alle Menschen ein Gesetz der Resonanz, da nicht alle Menschen gleichermaßen von sich entfremdet sind. Einige Menschen entscheiden selbst, ob sie in Resonanz gehen oder nicht. Es gibt aber, nach Hathors Gesetz der Metamorphose der Gegensätze in ihr Gegenteil, eine Kraft des Ausgleichs (Gleichgewicht, Gerechtigkeit, Wahrheit – was alles dasselbe ist!), die im Naturkreislauf wirkt. Wenn demnach ein Zauber nicht wirkt oder womöglich auf den Verursacher zurückfällt, war er vermutlich ungerecht oder entsprach **nicht** der Wahrheit und somit der natürlichen Kraft, die ausgleicht, oder traf auf jemanden, der ihn zurückgeschickt hat, was dasselbe wäre. Dann muss man bei sich selbst weiter nach der Ursache für sein Leiden suchen bzw. sich fragen, was die Große Göttin will, das man lernt, indem sie einen dies Schicksal (Charakter) verhängt hat. Manch ein ‚guter' Mensch soll vielleicht lernen etwas ‚böser' zu werden und ein ‚böser' Mensch soll vielleicht lernen etwas ‚besser' zu werden.

Die einzige Aufgabe, die man hier auf Erden hat, ist MA'AT zu verwirklichen, also selbst für die Sicherheit seiner Seele zu sorgen, indem man immer wieder sein Gleichgewicht sucht, dadurch das ‚böse Leiden' (den Protest der Seele) beendet und sich gleichzeitig selbst schöpft bzw. die im Protest gebundene Energie wieder zur freien Verfügung hat.

Das kann für manch einen möglicherweise auch einmal bedeuten: ‚nichts schuldig zu bleiben', weil man erst dann seine Schwierigkeiten, den Widerstand in seinem Leben überwindet, andernfalls kommt man nicht weiter, entwickelt sich nicht weiter, weil man die in der eigenen Natur wirkende Ausgleichskraft gegen sich hat.

Wir müssen bei unseren Entscheidungen drei Dinge berücksichtigen: das, was wir selbst wollen; das, was die Menschen, mit denen wir es zu tun haben wirklich wollen; und, in welche Richtung die Kraft, die ausgleicht, wirkt. Demnach lernen wir herauszufinden, was die Menschen unserer Umgebung wirklich wollen und bringen das in Einklang mit unseren eigenen Bedürfnissen, danach handeln wir unserer Erkenntnis entsprechend, und denken daran: ‚Wirksamkeit ist das Maß der (bewussten, d. V.) Wahrheit' (Huna). Und: Entspannung und das Fließen unserer Energie ist das Kriterium für den Einklang mit der ‚Richtung der im Verborgenen wirkenden Kraft im Universum, die ausgleicht' (AMUN), den Einklang mit der Großen Göttin.

Wenn wir nicht wissen, was die Menschen in unserer Umgebung wollen, weil man sie nicht einfach fragen kann, weil sie z.B. selbst nicht wissen, was sie wirklich wollen, dann fragen wir das Orakel, das Tarot, den Schwarzspiegel oder das Pendel, je nachdem, was uns am besten dient. Oder wir meditieren darüber, suchen im Traum die Antwort, usw. Dasselbe tun wir, um unseren eigenen Willen zu prüfen. Und, wenn wir wissen was wir wirklich wollen, dann verknüpfen wir Wille und Vorstellung durch den realen Bezug (z.B.: im Ritual, durch Kreation des Zauberspruchs; und in der äußeren Welt, durch Suchen nach der realen Möglichkeit). Die Energie erhalten wir durch die reale Möglichkeit unsere Absicht zu verwirklichen. Der bewusste Wille genügt, um unseren KA in Bewegung zu setzen, der die Dinge nachts in der Unterwelt für uns regelt. Wenn wir nicht wissen was wir wollen, fragen wir z.B. das Tarot und stellen uns dann, wenn uns klar ist, was wir wollen, dieses Ergebnis in allen Einzelheiten, mit allen Sinnesorganen (fühlen, riechen, schmecken, sehen) vor. Das tun wir immer vor dem Einschlafen: Visualisieren wir z.b. Schönheit, Gesundheit, Reichtum und Liebe, wenn es das ist, wonach wir uns sehnen, denn ‚Energie (KA, d.V.) *folgt der Aufmerksamkeit'* (Huna). Alternativ dazu kann man Fernreiki auf seine Wünsche anwenden. Beides funktioniert garantiert. Die Frage ist nur: wann? Denn alles was aus unserem Karma (Schicksal / Charakter) dem Wunsch entgegensteht, muss erst beseitigt werden. Schneller geht es, wenn wir zusätzlich in unserer ‚Mitte' sind, das heißt, wenn wir regelmäßig selbst aktiv unser Gleichgewicht suchen (mit Yoga, z.b. der Yoga-Übung „Baum", oder / und Orientalischem Tanz) bzw. selbst aktiv immer wieder mittels der verschiedenen Möglichkeiten wie z.b. Tanz, Qigong, Meditation etc. negative Energie umwandeln. Das Ersehnte stellt sich dann irgendwann von selbst ein, möglicherweise anders, als wir es uns vorgestellt haben. Möglicherweise viel besser, als wir es uns vorstellen konnten.

Finde deine Mitte

Das Gleichgewicht zur Schöpfungskraft, die eigene Mitte, kann man unter anderem auch mit Hilfe der Frequenzen der Halbedelsteine Schneeobsidian und Bergkristall finden. Dabei wirkt Schneeobsidian auf den einen Pol und Bergkristall auf den anderen Pol des Körpers (+/-). Für die Chakras unterhalb des Herzchakras benutzt man zum Ausgleich die Schwingung des Schneeobsidians und für die Chakras oberhalb des Herzchakras die Schwingung des Bergkristalls.

Man besorge sich mindestens wallnussgroße Steine. Man legt Schneeobsidian und Bergkristall zum Zwecke der Meditation auf die jeweils gegenüberliegenden Chakras und zwar wie folgt:

Lege dich auf den Rücken, dann lege den Schneeobsidian eine Hand breit unterhalb des Bauchnabels auf das Schambein (Sakralchakra) auf die nackte Haut, den Bergkristall auf die Stirn (Stirnchakra). Atme ein und atme aus und konzentriere dich auf den Atemrhythmus, dann konzentriere dich auf die Stellen, an denen die Steine liegen und stell dir vor ‚wie der Schneeobsidian vom Schambein nach rückwärts zum Steißbein und der Bergkristall von der Stirn in den gesamten Schädel strahlt.' (vgl. Hodosi, 1996) Die Wirbelsäule verbindet als Lichtstrahl die beiden Chakras. Fühle die beiden Stellen des Körpers, an denen die Steine aufliegen und überlass dich diesem Gefühl an diesen beiden Polen, denke an gar nichts und fühle dich nur ein. Das Ziel der Meditation ist erreicht, sobald du spürst wie sich dein innerer Körper erhellt (oder wohlig warm wird). Du bist wieder in deiner Mitte.

Auf die gleiche Weise kann man mit den anderen einander gegenüberliegenden Chakras verfahren.

Um Herzschmerz zu beseitigen, der aus einer alten Wunde stammt, aus einer schwarzmagischen Manipulation in der Vergangenheit, und die durch einen aktuellen Anlass aktiviert wird und erneut zu wirken beginnt, lege den Bergkristall direkt auf das Herzchakra und den Schneeobsidian auf das Sakralchakra, und fühle dich in die Stellen so lange ein bis der Schmerz verschwindet.

Gaia – oder: Die Kraft der heimatlichen Erde

Für die Erfüllung unserer Wünsche ist die Kommunikation mit **Gaia** – das ist der griechische Name für unseren Planeten Erde als eine Göttin - von besonderer Bedeutung. Denn die Kraft des Ortes, an dem wir uns befinden und die Atmosphäre des Raumes, indem wir uns aufhalten, üben einen subtilen Einfluss auf unsere Psyche dergestalt aus, das sie sie stärken oder schwächen und somit unsere Lebenskraft beeinflussen. Deshalb gilt auch hier, auf den Ort, an dem wir uns hauptsächlich aufhalten, besonders sorgfältig acht zu geben, und dafür zu sorgen, das wir auch hier Ungleichgewichte ausgleichen und nach Harmonie streben bzw. MA'AT verwirklichen.

In der chinesischen Lehre des **Feng Shui** will man dieses Ziel verwirklichen, aber auch in der aus Indien überlieferten Lehre des **Vasati** versucht man, die Kommunikation zwischen Mensch und Raum an einem gegebenen Ort durch die Berücksichtigung der kosmischen Kräfte für den Menschen förderlich zu gestalten. Kurz: Das harmonische Miteinander aller elementaren und kosmischen Kräfte an dem Ort, an dem wir uns aufhalten, wirkt auf unsere Natur ein und trägt zu unserem Glück bei, denn entscheidend ist die Wirkung im Feinstofflichen. Ohne die Harmonie der elementaren und kosmischen Kräfte am Ort eines Heims kann folgendes passieren:

Der Ignorant

Deine Wohnung kann dich umbringen.
Und sei sie noch so schön.
Du glaubst es nicht? Dann beachte Vasati
und du wirst sehen:
Eine geschlossene Wand im Norden,
die Haupteingangstür im Süden
und schon ist 's um dich geschehen:

Der heilende Lebensstrom unseres Planeten,
aus dem Norden kommend, wird blockiert.
Der Süden öffnet dem Tod Tür und Tor –
Unwissender Bewohner sieh dich vor.

Es kann noch Jahre dauern und
die Schwierigkeiten häufen sich.
Das Beste wäre, du zögest aus.
Ein Unglück nach dem anderen schwächet dich
Und du weißt nicht einmal: das liegt am Haus.
Gibst die Schuld allen und jedem,
nur nicht dir selbst und ich sage dir,
Neugier ist das Einzige,
was dir helfen kann hier.

Die Gier nach Bildung und dem Wissen
aus fremder Kultur und altem Brauch,
war niemals ‚dein Ding'.
Warum solltest du auch? !
Nun ist es zu spät, du ruhst dich jetzt aus,
drei Meter tief unten, in einem anderen Haus.

Das Symbol für Lebenskraft / Schöpfungskraft / Energie / Sexualität / Chi / HEKA etc. ist die **Schlange**. Die Schlange kann auch direkt als Symbol für die Große Göttin dienen. Die Schlange ist ein erdverbundenes Tier und erinnert uns ganz stark an unsere eigene Herkunft aus Gaia, an unseren Ursprung aus der Natur und unsere Verbundenheit mit ihr. Von Gaia bekommen wir unsere Kraft, und für den Fall der Harmonie aller Kräfte an dem Ort, an dem wir leben, nährt sie uns und schützt uns. Zu ihr kehren wir wieder zurück entsprechend dem Gesetz des Werdens und Vergehens und den Umwandlungen der einen Polarität in die andere, das der gesamten Schöpfung zugrunde liegt. Diese Wandlungen und Verwandlungen, die sich mit Hilfe der Ausgleichskraft (Schöpfungskraft) vollziehen, sind es, die unser Leben bestimmen und von uns bewusst mitgestaltet werden sollen, um die Harmonie in der Schöpfung zu fördern und damit unserer eigenen Vervollkommnung, durch die verschiedenen Stadien der Verwandlung (den Häutungen der Schlange) hindurch, zu dienen.

Die Bedeutung der Träume

Die Große Göttin regiert die Nacht. Sie verwandelt sich jede Nacht von Finsternis in Licht. Im Jahresverlauf immer zu Neumond beginnt sie jeweils auf einer anderen Stufe der Verwandlung ihre nächtliche Metamorphose. Sie schickt uns Botschaften in den Traum.

> Benutze das Göttinnen-Orakel, das du dir mit den Steinen gemacht hast. Nimm morgens einen Stein heraus aus deinem Beutel, schlage die entsprechende Seite in diesem Buch auf und schaue nach, welche Botschaft dir die Göttin in der Nacht gebracht hat. Auf diese Weise kannst du selbst dann, wenn du deine Träume vergessen hast, einen Hinweis erhalten, der dir weiterhilft bei der Suche nach dem Gleichgewicht und damit dem Frieden deiner Seele.

Wesentlich konkreter wird es für dich, wenn du zusätzlich deinen Traum aufschreibst und deutest bzw. mit der Botschaft der Göttin in einen Zusammenhang bringen kannst, der für dich von Bedeutung ist. Im Traum wird aus Gegenwart, Vergangenheit und Zukunft sowie den ursprünglichen Absichten, die man selbst hat und den Absichten der Umgebung ebenso wie dem Wirken 'der Kraft, die ausgleicht' (AMUN), ein Konglomerat von Bildern für unsere Seele, die im Schlaf hinab gestiegen ist, zum Ursprung ihrer Herkunft, ins Unbegrenzte, in dem alles miteinander verbunden ist, um den Körper regenerieren zu lassen und, auf der Suche nach Erfüllung, Frieden zu finden. Die Botschaft dieser Bilder zu entschlüsseln, hilft uns, das was uns geschickt wird, zu erkennen und damit hat man die Chance z.b. Unangenehmes abzuwenden oder Möglichkeiten wahrzunehmen, indem man im Alltag entsprechend handelt. Ebenso kann man sich im Traum mit Verstorbenen und Lebenden treffen, seine Wünsche erfüllen oder wie es die alten Ägypter sagten: ,das Paradies in der Unterwelt wiederherstellen', indem man aktiv ins Traumgeschehen eingreift.

Schließlich ist es dein Traum, du bist der Schöpfer! Wenn dir das im Traum bewusst wird, kannst du die Handlung im Traumgeschehen zu deinen Gunsten ändern. Ebenso kannst du dir bei Problemen den Ausweg oder die Ursache (Wahrheit – RA) zeigen lassen, wenn du mit der Frage danach im Herzen einschläfst. In jedem Fall gilt, das Göttliche ist Herrscher über die Unterwelt, das Unbegrenzte, das Uferlose, die Finsternis, die Nacht. Wenn du dich von ihm beschützen lässt, weil du vor dem Einschlafen innerlich z.b. den Namen der Göttin anrufst, indem du z. B. die Silben mit dem Ein- und Ausatmen ver-knüpfst, bist du in den besten Händen. Natürlich ist nicht jeder Traum wichtig und bedeutungsvoll, vermutlich *sind* viele *Träume* tatsächlich *Schäume* (Volksmund). Um jedoch die wichtigen von den unwichtigen zu unterscheiden oder / und, um sich selbst mit seinen Emotionen und Wünschen besser kennen zu lernen, hilft ein Traumtagebuch.

Schreibe mit kurzen treffenden Worten morgens die Szenerie deines Traums auf, an die du dich erinnerst, notiere zusätzlich die Lichtverhältnisse im Traum und die Gefühle, an die du dich erinnerst. Die Gegenwart betreffen die Träume, bei denen die Lichtverhältnisse im Traum mit den tatsächlichen Lichtverhältnissen übereinstimmen. Mit der Zeit bekommst du ein immer besseres Traum-gedächtnis und Übung im Schreiben. Deute zunächst gar nichts. Nach einem Jahr regelmäßigen Notierens lies dir in aller Ruhe deine gesammelten Werke durch und dann kannst du den ,roten Faden', das Thema deines derzeitigen Lebens, das deine Seele dir zeigen will, damit du es bewusst in deinem Alltag berücksichtigst, anhand wiederkehrender Motive erkennen.

Magie ist Durchsetzungskraft (Macht) und kommt von Weisheit, was mit Wissen zu tun hat, ein Wissen, das in dir selbst entsteht. Je mehr Übung du im Notieren deiner Träume bekommst, desto eher kannst du regelmäßig an die Deutung deiner Träume gehen, weil sich dir allmählich gleich beim Niederschreiben und Durchlesen intuitiv der Sinn erschließen wird. So kannst du nach und nach die Themen deines Lebens in deinen Alltag integrieren, deine Probleme lösen und dich weiterentwickeln. Im Traum erhältst du Fingerzeige (Hinweise) für die Bewältigung deines Alltags, weil deine Seele im Unbegrenzten, in der Unterwelt, mit AMUN, mit der Gottheit kommuniziert oder anders ausgedrückt: *Den Seinen gibt's der HERR im Schlafe.* (Volksmund) Diese Fingerzeige zu erkennen, ist das wirklich Wichtige. Damit der Alltag wieder harmonisch gestaltet werden kann und die Seele Frieden findet, kommuniziert die Seele im Traum mit AMUN, mit dem Göttlichen, um z.B. einen Konflikt zwischen Wunsch und Wirklichkeit zu lösen. Der Traum ist die Antwort, die der Träumer auf eine Frage seines Herzens erhält. Natürlich ist diese Antwort selten so spektakulär, dass eine Gestalt im Traum spricht, tue dies und das. Auch ist die Frage des Herzens nicht immer bewusst gestellt, so dass wir Traumbilder erhalten, mit denen wir gar nichts anfangen können, weil wir uns oft selbst nicht kennen und nicht wissen welche Fragen wir stellen. Deshalb gilt es, bewusst beim Einschlafen die Vorstellung von der erfüllten Sehnsucht als Bild tief ins Herz zu schicken und gleichzeitig durch Atemlenkung Zuflucht zur Gottheit zu nehmen, sie führt uns durch die Unterwelt:

Denke bis du einschläfst z.B. **OM** (beim Einatmen), **NA MAHA SHIVAJA** (beim Ausatmen). Oder rufe die Große Göttin zu Hilfe, indem du z.B. denkst: „Erfüllerin der Wünsche", beim Einatmen und „Zerstörerin der Feinde" beim Ausatmen; oder denke **Om** (beim Einatmen) und **mani padme hum** (beim Ausatmen). Atme dabei ins Herzchakra ein und ins Sakralchakra aus. Probiere selbst aus, welches Mantra bei dir funktioniert oder kreiere dein eigenes Mantra nach deinem Glauben. Denn wisse: Magie ist eine Macht, die von innen kommt, wenn du entspannt bist.

'Das Tor zur Unterwelt' oder 'An AMMUT vorbei ins Licht'

Unser Intellekt kann üblicherweise Dinge nur begreifen, wenn sie getrennt vorgestellt werden und ist meistens hoffnungslos überfordert, den Zusammenhang zu übersehen, geschweige denn, Dinge zu erfassen, die sich in ihr Gegenteil verwandeln. Deshalb ist es z.B. schwierig über Jenseitiges zu reden, das ins Diesseits hineinwirkt (und umgekehrt).

Der Tod ist Ende, Stillstand, Grenze, Stopp, Finsternis, Veränderung, Blockade, auf dem Weg des Willens, der die Richtung verloren hat und ins Ungleichgewicht geraten ist: Die Trennung von Körper und Seele. Wenn der Leidensdruck zunimmt, kann man nicht so weiter machen wie bisher und muss in einen anderen Zustand übergehen, sich verwandeln, ändern, mit irgendetwas aufhören, die Richtung, den Standpunkt wechseln, oder auch nur ,den Druck wahrnehmen und das zutreffende Wort dafür finden', um zu leben. Entsprechend der Ur-Religion der Großen Göttin sind Diesseits (Bewegung, Licht, hohe Frequenz) und Jenseits (Stillstand, Finsternis, niedrige Frequenz) Parallelwelten, die ineinander übergehen und sich durchdringen. Im alten Ägypten wusste man, dass alles Energie ist und Energie (Lebenskraft / Schöpfungskraft / Chi / HEKA etc.) nicht entzogen werden kann, sondern nur umgewandelt wird in verschiedene Aggregatzustände (Gesetz der Hathor = Metamorphose der Gegensätze in ihr Gegenteil). Deshalb hatte man zu Lebzeiten die Aufgabe sich zu vergeistigen, Körper und Geist zu vereinen, um aufzuerstehen, und im Aggregatzustand des Sterbens, also des Übergangs, hatte man die Aufgabe sich zu verkörpern, um wiedergeboren zu werden. So einfach sahen das die alten Ägypter. Sich verkörpern heißt: wahrnehmen des Protests der Seele (Blockierung, Druck, Spannung, Angst) und das zutreffende Wort, das Zauberwort, dafür finden, die Gesamtheit der realen Situation erkennen, denn das Zauberwort setzt die gebundene Energie frei, lässt sie wieder fließen (Entspannung) und die Energie / Lebenskraft steht wieder zur Verfügung. Bei der Bewältigung dieser Aufgaben müssen immer MA'AT, die natürliche / göttliche Harmonie, und ,Herz', Körper und Geist in der Existenz, im Gleichgewicht sein, miteinander abgewogen werden. Sind sie im Gleichgewicht (= Entspannung), kommt man an AMMUT, die große Fresserin, vorbei ins Leben, ins Licht. Bei einem Ungleichgewicht wird die ins Ungleichgewicht geratene ,schwarze' Seele von AMMUT gefressen und man muss nochmals von vorn mit der Lernaufgabe ‚Selbstschöpfung' (= Körper und Geist vereinen) beginnen. Wenn ein Mensch zu Lebzeiten immer bemüht ist, MA'AT und ‚Herz' im Gleichgewicht zu halten, sich zu vergeistigen, und derart nach einem von Weisheit erfüllten Leben eines natürlichen Todes stirbt, kommt er gleich ins Licht, denn während seines Lebens hat AMMUT bereits das Schwarze gefressen. Wer sich auf den Weg zum Licht macht, muss also in jedem Fall an AMMUT vorbei, um frei zu sein. Das Schwarze ist einfach das Ungleichgewicht zwischen MA'AT und ‚Herz', in das man geraten ist: ein Ungleichgewicht zwischen Wille (Ziel / Absicht / Geist), Vorstellung (Bewusstsein) und realem Bezug (Gegenüber / Gegenpol): das bedeutet einen Weltverlust (Abgrund / Illusion). Da unsere Kultur bei der Erziehung zwischen Gefühl und Gefühlsbewusstsein trennt, geraten wir häufig bei unseren Handlungen in ein Ungleichgewicht, in die Illusion.

Diesen Abgrund kann man, wenn man in Meditation geübt ist, als das Schwarze in der Meditation oder im Traum sehen. Außerdem kann man diesen Weltverlust durch ändern der inneren Entscheidung und befolgen der Intuition (= den Weg des Herzens gehen) überwinden. Wenn man nicht sehen kann wie man sich entscheiden soll und unfähig ist, die Eingebung des Herzens wahrzunehmen, reicht es zunächst, einfach die Angst wahrzunehmen, zu akzeptieren und achtsam zu sein und die Dinge ohne Gier und ohne Widerstand hinzunehmen. Dies übe man so lange, bis man wieder weiß, wo es lang geht bzw. den Weg erkennt, dem man folgen will. Und dann entscheide man sich richtig, das heißt, im Einklang mit MA'AT. Die falsche Entscheidung führt zur Zerstörung, da jede Einseitigkeit zur Zerstörung führt.

Es bleibt jedoch die Entscheidungsfreiheit eine Zeit lang bestehen, denn vor dem Tod, das ist die Loslösung der Seele, kommt zuerst das ‚böse Leiden', die Krankheit, der körperlich spürbare Protest der Seele gegen den Charakter, der die falsche Entscheidung getroffen hat und nicht für Erfüllung sorgen kann. Dieser Protest der Seele bindet Energie und Leiden entsteht. Die Krankheit beinhaltet daher die Chance, den Protest der Seele erkennen zu lernen, um wieder eine Stufe in der persönlichen Entwicklung voran zu gehen. Die Sexualität ist dabei ein scharfes Schwert, das zwischen Diesseits und Jenseits trennt. Sie kann sowohl zum Leben als auch zum Tode führen. Immer dann, wenn Sexualität ohne Liebe geschieht, führt sie über kurz oder lang ins Verderben. Je nachdem, ob man in seiner sexuellen Beziehung mit sich ins Ungleichgewicht geraten ist, und unfähig aufgrund charakterlicher Schwächen (= erworbene schwarzmagische Anteile) dieses Ungleichgewicht zu beseitigen, protestiert die Seele, die ein ‚ewiges Recht auf Erfüllung' geltend macht, bevor sie sich entfernt. In Ehekrisen frage man sich daher immer: „Wollen wir noch dasselbe?" „Wollten wir überhaupt jemals dasselbe?" Und falls die Ehe auf einem Kompromiss aufbaut: „Ist die Basis unseres Kompromisses noch vorhanden?" Es ist der gemeinsame Geist, der ein Paar zusammenschweißt. ‚Bis das der Tod euch scheidet', ist unter Umständen die brutale Forderung auf das ‚ewige Recht der Seele auf Erfüllung' zu verzichten bzw. darauf zu verzichten, zu Leb- zeiten das Schwarze von AMMUT fressen zu lassen, indem man MA'AT und ‚Herz' wieder selbst durch entsprechende Korrektur der Absicht ins Gleichgewicht bringt und danach handelt, um Finsternis in Licht zu verwandeln bzw. Energie fließen zu lassen, zu leben, begeistert zu sein. Deshalb frage man sich in seinen sexuellen Beziehungen immer: Bringen sie die Wärme, das Licht, Leichtigkeit und Freude oder Krankheit, Hass und Angst (z.B. Herzklopfen, d. V.). (Cayce*)

Lieben / Leben heißt: Glücklich sein mit ... (Huna)
Ein anderes scharfes Schwert ist die wirtschaftliche Existenz (Armut tötet!). Jedoch hüte man sich davor, beide Schwerter zu kreuzen, denn dann begibt man sich vorsätzlich ins Ungleichgewicht.
Göttin und Gott sind so gesehen Parallelwelten, die mittels der **Schöpfungskraft** (Energie / Chi / Lebenskraft etc.) ineinander übergehen. Ihr harmonisches Miteinander (MA'AT) ist die Basis für das Paradies auf Erden. Aber das Paradies auf Erden ist seit Anbeginn ständig bedroht und muss von uns mit Hilfe der Unterwelt, dem Unbegrenzten, in der Finsternis, aktiv immer wieder neu hergestellt werden. Deshalb ist unsere Traumwelt so wichtig. Im Traum können wir selbst aktiv das Geschehen beeinflussen. Wenn wir uns beim Träumen bewusst sind, dass wir träumen, können wir in den Traum eingreifen.
Die **Schlange** ist, wie bereits erwähnt, das **Symbol für Schöpfungskraft** (Lebenskraft, Energie, Chi, etc.). Im alten Ägypten ist es die sich in den Schwanz beißende Uroborosschlange; ein Symbol, das aussieht wie das Unendlichkeitszeichen in der Mathematik, womit ausgesagt wird, das diese Energie unendlich, unbegrenzt, ewig ist. Jedoch ist zu bedenken, dass die

Lebensenergie / Schöpfungskraft zwar ewig und unbegrenzt ist, aber als Mittler zwischen Göttin und Gott in ihrer Eigenschaft und Wirkung wandelbar und beweglich. So kann sich, wie aus dem Feng Shui bekannt ist, beispielsweise das Chi langer gerader Flure oder von Ecken und Kanten in Shar Chi, in den 'tödlichen Hauch' verwandeln. Deshalb muss das Chi / die Schöpfungskraft bzw. Lebens-energie von uns gelenkt werden.

Erscheint einem im Traum beispielsweise eine schwarze Schlange, dann kann eine Blockierung der Energie (Lebenskraft) drohen, ein Ungleichgewicht zur Ausgleichskraft, und man muss möglicherweise seine ‚innere Entscheidung' (Absicht) ändern, um den Frieden seiner Seele wieder herzustellen und sich wieder wohl zu fühlen, die Energie wieder ins Fließen zu bringen.

Das Schwarze ist im Traum ein Fingerzeig für das Verhältnis zum Unbekannten (Jenseitigen, Zukünftigen, Abgründigen, Unbegrenzten, etc.), zur Unterwelt. Es gibt Hinweise über das Verhältnis zu der im Verborgenen wirkenden Ausgleichskraft.

Demzufolge können wir das Schwarze als Ratgeber für das, was uns geschickt wird benutzen, um es ggf. rechtzeitig abzuwenden. Doch die Große Göttin regiert die Unterwelt, deshalb braucht man keine Angst zu haben, denn:

„»Wer auf die Sonne schaut, dem erschließt sich das Wesen der Finsternis«, heißt es in Spruch 115 des Totenbuches ...". (Hornung, S. 107)

„Wenn das Tor des Horizonts sich öffnet, fällt der Blick in die Tiefe der Welt. Dort brennt das Feuer, das vernichtet und zugleich erneuert, das die Sonne zu neuer Leuchtkraft entzündet. Die regenerierenden Kräfte dieser Tiefe sind unverzichtbar. Wer sich ihnen anvertraut, findet helfende Arme; er kann nicht zugrunde gehen, denn die Finsternis trägt ihn." (Hornung, S. 107)

Im Unbegrenzten, in der Unterwelt, in der Finsternis regeneriert sich der Mensch mit Hilfe der Götter, sofern er sich ihnen anvertraut. Er erhält dann wertvolle Hinweise für die Bewältigung des Schicksals.

> „Urgewässer und Urfinsternis waren schon vor der Schöpfung, aber sie sind keine fernen Horizonte, sondern zum Greifen nahe; das ‚dunkle' Wasser der Nilüberschwemmung kommt ebenso von dort wie die nächtliche Dunkelheit, und der Schläfer taucht hinab in Tiefen, in denen er Göttern und Verstorbenen begegnet. Mitten in der ... vertrauten Welt erscheint das Unvertraute ...

dauert der Schöpfungsprozeß an, wirkt das Unbegrenzte heilend und bedrohend." (Hornung, S. 87)

So kann sich das Schwarze bzw. Dunkle im Traum auf die Zukunft oder die Vergangenheit beziehen, die eigene Person oder eine andere Person betreffen, positiv oder negativ für die eigene oder eine andere Person, die mit einem selbst in irgendeiner Beziehung steht, sein. Man achte deshalb auf die mit den Traumbildern einhergehenden Gefühle. Das Schwarze bezieht sich aber immer auf etwas Jenseitiges (Zukünftiges oder Vergangenes), das ins Diesseits, in die Gegenwart hineinwirkt. Mit ‚Jenseitiges' sind auch unsere Leiden gemeint, da sie niedrige Freqenzen haben. Je niedriger die Frequenz der negativen Emotion, desto jenseitiger wird sie. Je höher die Frequenz der Emotion, desto diesseitiger, lebendiger sind wir.

Welchen Einfluss in meinem Fall, in einem Zustand tiefer gesundheitlicher Krise, beispielsweise der bewusste Einsatz eines bannenden Pentagramm beim Wiederherstellen des Paradieses in der Unterwelt auf die Richtung der Lebensenergie / Schöpfungskraft hatte, lässt sich aus den folgenden Beispielen aus meinem Traumtagebuch, das Schwarze betreffend, entnehmen:

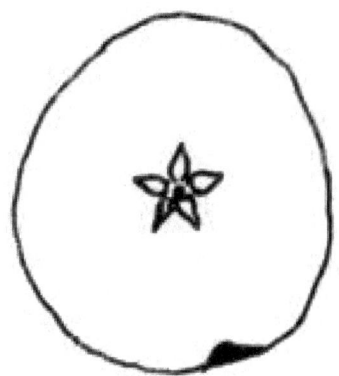

Apfelkern-Pentagramm (Symbol der Göttin Venus)

7. März 2003

*Traum: Eine Finsternis umgibt mich. Inmitten der **Dunkelheit** sehe ich **Feuer**. / Ich bin in einem großen Zimmer. Es ist Nacht. Meine Mutter liegt da im Bett, ich sitze (liege, stehe) daneben. Ein **schwarzer kleiner Spatz** fliegt zu mir. Das Fenster ist offen. **Schnee** fällt herein. Ich mache das Fenster zu.*

<u>Deutung</u>: Am 8. März wäre der Geburtstag meiner Mutter gewesen. Meine Eltern sind jedoch bereits vor Jahren gestorben. Der schwarze Spatz bezieht sich daher auf eine Seele aus dem Jenseits. Die KA-Seele meiner Mutter besucht mich. Meine Mutter will die Verbindung zwischen uns wieder aufnehmen. Ich will keine Verbindung mehr.

1. Februar 2004
(Die ganze Nacht auf den 1. Februar brennt zu Ehren der Göttin Brigida eine Kerze) *Traum: Eine **schwarze Gestalt** liegt bei Kerzenlicht in meinem Zimmer neben mir im Bett. Ich stehe aus dem Bett auf, stelle mich daneben und sehe sie verwundert an.*

<u>Deutung</u>: In einer ‚Out of Body Erfahrung' sehe ich, dass etwas Jenseitiges bei mir ist und von mir Besitz ergriffen hat, bzw. dass ich von etwas Jenseitigem (Schwarzem) beherrscht werde.

3. Februar
*Traum von meinen Verwandten (Lebende und Tote): Meine Tante sitzt links, mein Cousin mir gegenüber, mir zugewandt, mein Bruder mit dem Rücken zu mir, meine Mutter in der Mitte und hält ein durchsichtiges **Hemd mit schwarzen persischen Schriftzeichen** als Muster und einen Zettel in der Hand (Brief, Schreiben, Vertrag?) und zu mir hin.* Und dann war da gleichzeitig das deutliche Gefühl, dass etwas Böses neben mir im Bett ist.

<u>Deutung</u>: Meine Mutter ist wütend darüber, dass ich einen persischen Mann (‚Hemd mit schwarzen persischen Schriftzeichen') geheiratet (Zettel, Vertrag) habe, der ihrer Meinung nach ungeeignet (‚durchsichtig') ist und warnt mich vor einer Zukunft mit ihm.

16. Februar
*Traum: Eine Kerze wird ausgeblasen. Persische Frauen im **schwarzen Chador** laden ihr Gerümpel bei mir ab (alte Kleider usw.).*

<u>Deutung</u>: Der 'schwarze Chador' bezieht sich auf meine angeheirateten persischen weiblichen Verwandten, die ihre Nöte, Sorgen und Ängste (Gerümpel) bei mir abladen bzw. mich für ihre Nöte, z. B. über die Abwesenheit ihres Bruders / Sohnes, der bei mir in Deutschland wohnt, verantwortlich machen.

<u>Ereignis</u>: Tatsächlich stirbt im Juni desselben Jahres meine persische Schwiegermutter.

19. Februar

*Traum: Ich ziehe **schwarze, spitze Pfeile** aus meinem Fleisch.*

<u>Deutung</u>: Ich werde mich von einer Krankheit befreien. Die 'schwarzen, spitzen Pfeile' sind die Anfeindungen meiner Mutter ebenso wie die meiner angeheirateten Verwandten, die mich für ihre Nöte verantwortlich machen.

14. Mai

*Traum: Ich schlafe, weil ich so müde bin, in der Halle, in der ich normalerweise Bauchtanz unterrichte. Eine **schwarze Gestalt** neben mir weckt mich auf und gibt mir meinen blauen Übungsdress. Ich will wieder tanzen. Ich habe dabei das deutliche Gefühl gehabt, ein dunkler Schleier wird von mir genommen, der mich gelähmt hat.*

<u>Deutung</u>: Bestätigung für einen Genesungsvorgang. Von diesem in meinem Innern tobenden Konflikt zwischen der Verwandtschaft bin ich ganz müde. Aber: nicht alle 'schwarzen Gestalten' sind böse, es gibt auch Helfer im Jenseits.

17. Mai

*Traum von einem **schwarzen Meer**, indem ich schwimme, zusammen mit Musikern, die Musik machen. Haie schwimmen darin herum. Ich rette einen **schwarzen Hund** vor dem Ertrinken und warne zwei Frauen vor den Haien, sodass sie rechtzeitig ans Ufer kommen.*

<u>Deutung</u>: Das 'schwarze Meer' bezieht sich in diesem Fall auf die Zukunft, die besser wird (Musiker, die Musik machen). Der ‚schwarze Hund' ist meine Loyalität zu meinem Ehemann, die in Zukunft wieder hergestellt sein wird.

22. Mai

*Traum: Ich sehe mich mit einem **schwarzen durchsichtigen Kopftuch**. Wir sind verreist. Mein Vater ist woanders hin gereist.*

Deutung: Obwohl mein Vater gestorben ist, bin ich auch in Zukunft (‚schwarz') von meinem ungeeigneten (‚durchsichtigen') Ehemann behütet (Kopftuch = Bedeckung).

25. Mai.
*Traum: Ich stehe **nachts** vor einem offenen Grab, das ein **schwarzes Rechteck** ist.* Ich sage: „die Schwarze ist wieder da" (gemeint ist die schwarze Gestalt aus dem Traum vom 1.2.04) *und wache schweißgebadet auf.*
Deutung: Ich habe Angst vor dem KA meiner Mutter, die mich, wie ich meine, zu sich ins Jenseits holen will.
Ereignis: Tatsächlich bezieht sich das 'offene Grab' aber auf den nahen Todesfall meiner Schwiegermutter.

16. Juni
*Traum: Eine **schwarze Schlange** kommt auf mich zu, will mich beißen. Ich stoppe sie mit meinem Willen (eine helle Nebelwand, die sich vor mir aufbaut) ab. Die Schlange wendet sich ab und schlängelt davon.*
Deutung: Mein Immunsystem (Abwehrkraft, Energie) ist in Gefahr. Die 'schwarze Schlange' symbolisiert die zunehmend blockierte Lebenskraft.
Ereignis: Ich suche einen Arzt auf.

26. August
*Traum von einer **schwarzen Nebelwand**, die mich aus einem großen See heraus anspringt.*
Ereignis: Tatsächlich ereignet sich vier Monate später, am Tage meines Geburtstags, ein gigantisches Unglück (Ein Tsunamie tötet Hunderttausende in Indonesien).
Ich bin, bis auf die Tatsache, dass das Unglück an meinem Geburtstag stattfindet, nicht betroffen. Das Schwarze, das vom See auf mich zukommt, bedeutet in diesem Fall, dass einem / einer See ein Unglück ereilt. Offenbar war meine Körperschwingung auf derselben tiefen Wellenlänge wie die Frequenz dieses Unglücks, wodurch es seine Schatten in mein Unterbewusstsein hinein voraus werfen konnte.

28. September
*Traum von einer Verfolgungsjagd, der ich mit knapper Not entkomme: Man bewirft mich mit **Feuer**, aber ich kann mich in einen **Schneehaufen** stürzen und verbrenne nicht.*

Deutung: Diesmal repräsentiert das ‚Feuer' die schwarze Magie, der ich entkomme.

Ereignis: Tatsächlich stärkt ein Kefirpilz (ein echter kaukasischer Kefirpilz sieht so ähnlich aus wie ein Miniatur-Schneehaufen), den ich von einer Bekannten erhalte, meine Gesundheit.

1.November

Traum von der Estonia, ein Schiff, das vor Jahren gekentert ist. Ich will eine Familie retten. Es geht aber nicht.

*Dann fahre ich wieder hinaus auf das Meer und eine **schwarze Seeschlange** beißt mich. Ich reiße sie wieder los von mir. Ein Hai umkreist das Paddelboot. Ich nehme jemanden im Seegelboot mit. Aber das Boot kentert, ich schwimme zum Ufer.*

Deutung: Die ‚Estonia' steht im Traum für meine verstorbene Mutter. Meine Krankheit (Konflikt) erscheint im Traum als *schwarze Schlange*, und ist meine eigene Abwehrkraft (Schöpfungskraft, Energie), die sich gegen mich selbst richtet und mein Organ angreift. Da Krankheit Protest ist, bedeutet der Traum, dass ich zu Unrecht protestiere (,*ich kriege die Schlange wieder weg von mir'*). Folglich ist meine Realitätswahrnehmung gestört (,*jemand ist im Seegelboot, den ich mitnehme'*). Es sind also nicht meine Gedanken, die meine Seele zum Protest veranlassen. Ich gehe von ‚falschen Voraussetzungen' (,*das Boot kentert'*) aus. Ich kann mich aber davon selbst befreien (,*schwimme zum Ufer'*).

23. November

*Traum von einem **dunklen Wasser**, aus dem ich aber trockenen Fußes entkomme, weil mich ein Boot, das mein Ehemann mir schickt, ans Ufer bringt.*

Deutung: Ich habe mich besonnen, den inneren Widerstand aufgegeben und halte wieder zu meinem Ehemann, deshalb kann ich dem Jenseitigen entkommen und bin gerettet.

18. Dezember

*Traum: Ich sehe weiße Tauben und **schwarze Vögel**. Die schwarzen Vögel wohnen in der Wohnung meiner Kindheit, in meinem Kinderzimmer.*

Deutung: Die krankmachenden Ängste und Gedanken kommen aus dem Jenseits (meiner Vergangenheit), von der schwarzen Magie in meiner Kindheit, während die weißen Tauben auf die gegenwärtige Liebe, die mir zuteil wird, hinweisen.

23. Dezember

Vor dem Zubettgehen, um mich vor den negativen Einflüssen des KA meiner Mutter, die meinen Ehemann ablehnt, ebenso wie vor den Anfeindungen meiner angeheirateten Verwandt-schaft, zu schützen, habe ich ein bannendes Pentagramm aus Kieselsteinen unter meinem Bett ausgelegt und mit Licht aufgeladen. Nachts habe ich einen:

Traum von einer mir fremden blonden Frau, die sauber macht und die Steine unter meinem Bett wegfegt, mir in die Hand gibt. Wir unterhalten uns.

<u>Deutung</u>: Verblüfft sinniere ich über den Traum nach. Dann fällt mir ein, dass ich das Pentagramm falsch herum ausgelegt habe.

24. Dezember

Das Pentagramm habe ich diesmal unter dem Bett mit der Spitze zur anderen Seite, mit der Öffnung nach Norden, hin ausgerichtet.

Traum von einer geglückten Flucht im Heuwagen, nach einer wilden Schießerei mit **schwarz gekleideten Geschäftspartnern** *im Diamanthandel. Eine fremde blonde Frau nimmt uns (meinen Mann, meinen Sohn und mich) im Morgenlicht auf einer wunderschönen geraden, mit grünen Bäumen umsäumten Landstraße über die Grenze mit. Wir kommen in einem geräumigen, sauberen Hotelzimmer mit perfekt gemachten Betten unter.*

<u>Deutung</u>: Ich bin mit Hilfe der Großen Göttin dem in der Unterwelt tobenden Konflikt entkommen und bin wieder im Einklang mit dem Leben, mit der Kraft, die ausgleicht, in Sicherheit.

<u>Ereignis</u>: Ich fühle mich wieder wohl und bin in Frieden mit meiner Seele.

Nachwort

Lucius Apuleius, Altersgenosse Kaiser Marc Aurels und Eingeweihter in die Mysterien des Isis-Kults, richtet in seinem Roman 'Der goldene Esel' seine Worte direkt an seinen zeitgenössischen Leser und berichtet vom Innersten des Heiligtums:

„So höre denn und glaube was wahr ist! - Ich nahte mich der Grenzscheide zwischen Leben und Tod und schritt über Proserpinas Schwelle, ich fuhr durch alle Elemente und kehrte zurück, ich erschaute um Mitternacht der Sonne weißes Licht, ich sah die Götter des Himmels und der Unterwelt von Angesicht zu Angesicht und verneigte mich vor ihnen. - Das ist es, was du nun wohl gehört hast, aber nicht ermessen kannst."
(Apuleius, Der goldene Esel, S. 244)

Ja es ist wahr! Ich kann es bezeugen.

Shakti Morgane

Anhang

Schutzschild-Lichtmeditation

Sprich den nachfolgenden Text (vgl. Harbour, 1998) auf eine Kassette oder CD und fülle die Zwischenräume (Absätze) mit leiser besinnlicher Musik auf.

Lege dich in Rückenlage auf den Boden oder das Bett. Entspanne dich, atme ruhig ein und aus. Schließe deine Augen und wende den Blick nach innen.

Atme langsam und tief ein und aus. Übe dies eine kleine Weile.

Jetzt fängst du an, dir mit geschlossenen Augen deine unmittelbare Umgebung vorzustellen. Wenn du gerade im Wohnzimmer ruhst, rufe dir mit geschlossenen Augen das Bild deines Wohnzimmers ins Gedächtnis. Nun verlasse in Gedanken den Ort deines Wohnzimmers. Atme weiter langsam aus und ein...

Stell dir vor, dass du mit deinem Dritten Auge zwischen deinen Augenbrauen einen Ort siehst, der für dich der Inbegriff von Ruhe und Erholung ist. Nimm dir Zeit deinen Ort zu finden. Vielleicht eine Wiese, einen Tempel, am Strand eines Meeres ... Wenn das Bild zu dir kommt, halte es fest und betrachte es...

„Ich gehe in meinen Ort hinein. Ich spüre wie wohl ich mich darin fühle, ich fühle den Boden unter mir, ich nehme das Licht und den Geruch wahr. Allmählich erkenne ich, dass sich in der Mitte eine Achse erhebt, eine Säule, die sich aus dem Boden erhebt und hinauf in den Himmel ragt. Diese Säule ist das Zentrum meines Selbst, der Lebensbaum in meinem Innern, der mich in der Erde verwurzelt und zugleich mit dem Himmel der Spiritualität hoch über mir verbindet. Ich sehe mir diese Säule genau an, sie ist dicker als eine hundertjährige Eiche. Sie wirkt ungemein solide und vertrauenswürdig, doch nun erkenne ich, mein Lebensbaum leuchtet wie ein turmdicker Sonnenstrahl, er scheint massiv wie uraltes Holz zu sein und besteht doch aus schierer Energie, aus weißem Licht, das stark und gemächlich pulsiert.

Ich trete näher an meine Lichtsäule heran, ich gehe in meine Lichtsäule hinein. Ich mach mir bewusst, wie ich in den senkrechten Lichtschacht eindringe und wie die Strahlen zugleich meinen Körper sanft durchdringen. Ich öffne meinen Mund, breite meine Arme aus, spüre wie die Strahlen meine Aura massieren, wie beide sich knisternd und prickelnd vermischen und meine Aura so strahlend wie das Licht der Säule wird.

Ich sehe wie meine Aura sich fließend bewegt, wie ihre einzelne Farbe strahlend, voller Glanz und ausdrucksvoller wird.

Ich fühle wie meine Aura sich ausdehnt. Ich ertaste sie nun mit meinen geistigen Fingern, ich messe ihren Umfang und Kontur. Ich mache mir bewusst, dass meine Aura von ovaler Form ist, wie ein großes Ei – in dem ich stecke.

Ich fahre nun mit meinen Händen sorgsam überall auf meiner Aura entlang. Und mit meinem geistigen Auge bemerke ich vielleicht irgendwo eine Stelle, an der die Energie weniger fließt oder gar stockt, oder eine Stelle, die von einer matten Farbe oder gar schwarz ist.

Ich untersuche solche Stellen mit besonderer Sorgfalt und massiere meine Aura mit meinen geistigen Fingern bis sie wieder eine leuchtende Farbe annimmt. Ich streiche meine Aura nun mit meinen geistigen Fingern. Ich stelle mir vor, dass sie aus Energiefäden besteht, aus einem Gewebe reinen Lichts, das mich von Kopf bis Fuß umhüllt. Ich ziehe dieses Gewebe behutsam auseinander, erprobe wie weit es sich ausdehnen lässt und bring es in die Form, die mir am meisten zusagt. Ich mach mir bewusst, dass meine Aura durch jede Berührung in dieser Lichtsäule durch meine Hände an Vitalität und Strahlkraft gewinnt. Ich sage mir mehrfach laut oder im Stillen „Ich bin gegen jeden psychischen Angriff gewappnet. Einzig positive Energien dringen durch mein Schutzschild." Ich wiederhole diesen Satz solange, bis ich vollkommen sicher bin, dass mein energetischer Schutzschild zuverlässig alle negativen psychischen Energien abschirmt.

Ich empfinde das Bedürfnis mich noch stärker zu wappnen. Ich beobachte die Außenfläche meiner Aura und sehe wie diese glasklare Fläche allmählich kristallisiert, wie Wasser, das langsam zu Eis gefriert. Meine Aura ist nun so durchsichtig wie zuvor, aber niemand kann sie mehr ohne mein Einverständnis durchdringen. Ich befinde mich in einem unzerstörbaren Oval aus Lichtkristall. Eingehüllt in meine eiförmige Aura befinde ich mich noch immer im Innern meines energetischen Lebensbaums, meiner Säule aus reinem Licht.

Diese Lichtsäule verlasse ich nicht, ohne Kontakt mit meinem Höheren Selbst (mein Anteil an der universellen Schöpfungskraft) aufgenommen zu haben. Ich mache mir bewusst, dass ich nun ganz langsam in meiner Lichtsäule empor schwebe.

Diese Energieachse im Zentrum meines Selbst verbindet mich mit der materiellen Welt und zugleich mit den Ebenen meiner spirituellen Existenz. Ich spüre, wie ich in der Lichtachse immer weiter aufwärts schwebe, bis ich ganz oben angekommen bin. Ich erlebe wie ich für einen Augenblick mit meinem Höheren Selbst verschmelze, das gleich einer Sonne für mich strahlt. Hier oben ist die ganze Welt unter mir verschwunden und ich bin glücklich. Ich bedenke in Demut, dass mein Höheres Selbst ungleich mächtiger und weiser ist, als das kleine Ich, dass mir normalerweise bewusst ist. Es ist meine Verbindung zur Weisheit der Schöpfung Gottes (oder wie immer du dieses kosmische Urprinzip nennen möchtest). Es symbolisiert meine Unsterblichkeit. Durch mein Höheres Selbst habe ich an der universellen Energie teil. Und solange ich mit dieser Energie in Verbindung stehe, verfüge auch ich über unerschöpfliche Energiereserven und bin zu außerordentlichen Taten und Einsichten fähig. Ich bitte diese Sonne meines Höheren Selbst um Gleichgewicht in meinem Leben und darum, auch weiterhin für mich zu strahlen und mit mir in Kontakt zu bleiben. Ich danke meinem Höheren Selbst für seine Gegenwart.

Jetzt löse ich mich langsam wieder von meinem Höheren Selbst und spüre wie ich in der Lichtsäule wieder wie eine Feder abwärts schwebe.

Wenn ich auf dem Boden meiner Lichtachse angelangt bin, vergewissere ich mich noch einmal, dass meine Aura intakt ist, strahlend und vor Energie pulsiert. Ich bin in Sicherheit. Ich habe die Weisheit meines spirituellen Selbst gespürt. Nichts und niemand kann mir meine Energie rauben. Ich lasse nun auf meiner Aura in meiner Vorstellung lauter Lichtstacheln (wie bei einem Igel) wachsen. Ich stelle mir diese Stacheln lang, spitz und scharf vor. Mit diesen Stacheln kann ich alles Dunkle, das mich bedroht, aufspießen.

Danach stelle ich mir noch einmal vor, dass meine Aura aus Panzerglas ist und nur positive Energien durchlässt. Dann ziehe ich meine Aura nah an meinen Köper heran und trete aus meiner Lichtsäule heraus, ich durchquere meinen glückbringenden Ort und kehre langsam in die äußere Wirklichkeit zurück.

Ich öffne jetzt meine Augen."

Ruhe dich noch ein wenig aus, indem du an nichts denkst und einfach entspannst bis du deinen Alltag wieder aufnehmen möchtest.

Dauerkalender

Energiequalitäten im Jahresverlauf

MÄRZ – **FRÜHLING** – Chi / Lebenskraft: Der Friede

1	
2	
3	
4	
5	
6	
7	
8	
9	
10	
11	
12	
13	
14	
15	

MÄRZ – **FRÜHLING** – zunehmendes Yang

16	
17	
18	
19	
20	
21	Ostara
22	
23	
24	
25	
26	
27	
28	
29	
30	
31	

APRIL- **FRÜHLING** – Chi / Lebenskraft: des Großen Macht

1	
2	
3	
4	
5	
6	
7	
8	
9	
10	
11	
12	
13	
14	
15	

APRIL – **FRÜHLING** – zunehmendes Yang

16	
17	
18	
19	
20	
21	
22	
23	
24	
25	
26	
27	
28	
29	
30	

MAI – **FRÜHLING** – Chi / Lebenskraft: der Durchbruch

1	Beltane
2	
3	
4	
5	
6	
7	
8	
9	
10	
11	
12	
13	
14	
15	

MAI – **FRÜHLING** – Yang

16	
17	
18	
19	
20	
21	
22	
23	
24	
25	
26	
27	
28	
29	
30	
31	

JUNI – **SOMMER** – Chi / Lebenskraft: das Schöpferische

1	
2	
3	
4	
5	
6	
7	
8	
9	
10	
11	
12	
13	
14	
15	

JUNI – **SOMMER** – zunehmendes Yin

16	
17	
18	
19	
20	
21	Litha
22	
23	
24	
25	
26	
27	
28	
29	
30	

JULI – **SOMMER** – Chi / Lebenskraft: das Entgegenkommen

1	
2	
3	
4	
5	
6	
7	
8	
9	
10	
11	
12	
13	
14	
15	

JULI – **SOMMER** – zunehmendes Yin

16	
17	
18	
19	
20	
21	
22	
23	
24	
25	
26	
27	
28	
29	
30	
31	

AUGUST – **SOMMER** – Chi / Lebenskraft: der Rückzug

1	Lammas
2	
3	
4	
5	
6	
7	
8	
9	
10	
11	
12	
13	
14	
15	

AUGUST – **SOMMER** – zunehmendes Yin

16	
17	
18	
19	
20	
21	
22	
23	
24	
25	
26	
27	
28	
29	
30	
31	

SEPTEMBER – **HERBST** – Chi / Lebenskraft: die Stockung

1	
2	
3	
4	
5	
6	
7	
8	
9	
10	
11	
12	
13	
14	
15	

SEPTEMBER – **HERBST** – zunehmendes Yin

16	
17	
18	
19	
20	
21	Mabon
22	
23	
24	
25	
26	
27	
28	
29	
30	

OKTOBER- **HERBST** – Chi / Lebenskraft: die Betrachtung

1	
2	
3	
4	
5	
6	
7	
8	
9	
10	
11	
12	
13	
14	
15	

OKTOBER – **HERBST** – zunehmendes Yin

16	
17	
18	
19	
20	
21	
22	
23	
24	
25	
26	
27	
28	
29	
30	
31	

NOVEMBER – **HERBST** – Chi / Lebenskraft: die Zersplitterung

1	Samhain
2	
3	
4	
5	
6	
7	
8	
9	
10	
11	
12	
13	
14	
15	

NOVEMBER – **HERBST** – Yin

16	
17	
18	
19	
20	
21	
22	
23	
24	
25	
26	
27	
28	
29	
30	

DEZMBER – **WINTER** – Chi / Lebenskraft: das Empfangende

1	
2	
3	
4	
5	
6	
7	
8	
9	
10	
11	
12	
13	
14	
15	

DEZEMBER – **WINTER** – zunehmendes Yang

16	
17	
18	
19	
20	
21	Jul
22	
23	
24	
25	
26	
27	
28	
29	
30	
31	

JANUAR – **WINTER** – Chi / Lebenskraft: die Wiederkehr

1	
2	
3	
4	
5	
6	
7	
8	
9	
10	
11	
12	
13	
14	
15	

JANUAR – **WINTER** – zunehmendes Yang

16	
17	
18	
19	
20	
21	
22	
23	
24	
25	
26	
27	
28	
29	
30	
31	

FEBRUAR – **WINTER** – Chi / Lebenskraft: die Annäherung

1	Imbolc
2	
3	
4	
5	
6	
7	
8	
9	
10	
11	
12	
13	
14	
15	

FEBRUAR – **WINTER** – zunehmendes Yang

16	
17	
18	
19	
20	
21	
22	
23	
24	
25	
26	
27	
28	
29	

Mit der Göttin verbinden - Vollmondritual

Wenn der Mond aufgegangen ist: Gehe zum Fenster oder in den Garten oder auf den Balkon, hebe die Arme, konzentriere Dich auf Deinen Zauberstab, Deinen Zeigefinger oder Deine Handflächen, sieh den Mond an und begrüße ihn:

Sei willkommen Göttin[4] in dieser Nacht!
Stärke mein Wandeln mit Energie zum Handeln.
Schenk mir den Zauber, an den ich gedacht.

(z.B. Durchsetzungskraft für ein Vorhaben, Hilfe für eine Heilung, Freude für deinen Alltag, je nach dem was Du brauchst, denke es Dir selbst aus) Warte andächtig ab und fühle die Energie, die durch Deinen Zauberstab oder Zeigefinger in Deine Arme fließt, lege Deine Hände übereinander auf Dein Herzchakra und visualisiere wie die Energie über Deine Hände ins Herzchakra fließt. Erde Dich und verweile einen Moment. Danke der Göttin, indem Du Deine Hände mit den Handflächen zusammen legst und bei geschlossenen Handflächen mit den Fingerspitzen Dein Drittes Auge berührst. Verneige Dich ehrfurchtsvoll. Dann gehe an Deinen Lieblingsplatz oder vor Deinen Altar, treufle einen Tropfen ätherisches Öl (Lieblingsduft!) auf einen Kristall. Vielleicht möchtest Du leise Meditationsmusik im Hintergrund abspielen. Nun ziehe mit der Energie aus dem Mondlicht um Dich herum den magischen Kreis. Begib Dich in Deine Meditationshaltung. Atme tief und ziehe Dich langsam mit jedem Atemzug tiefer in Dich zurück bis Du ruhig und entspannt bist.

Visualisiere vor Deinem inneren Auge Deinen glück-bringenden Ort oder inneren Garten (ganz nach Deiner Fantasie), schaue Dich dort um und erkunde den Ort genauer. Irgendwo entdeckst Du eine Lichtung oder runden Platz oder Steinkreis in dessen Mitte ein Baum steht oder ein Feuer brennt oder ein Brunnen sprudelt. Links davon ist eine Bühne oder Podest mit einem schwarzen Vorhang und silbernen Mond. Gehe auf den Vorhang zu. Der Vorhang öffnet sich, du trittst hindurch in eine unbegrenzte Weite und hinter dir schließt sich der Vorhang. Du schaust dich um. Du kannst die Anwesenheit der Göttin spüren. Du kniest nieder und verbeugst dich in tiefer Demut. Du bittest nun die Göttin um Hilfe für dein Anliegen. Die

---

[4] Hier kannst Du den Namen Deiner Lieblingsgöttin einsetzen. Die Göttin ist überall im ganzen Universum und in uns selbst. Der Mond ist eine der Erscheinungsformen der göttlichen Kraft, der traditionell stellvertretend für das Ritual benutzt wird.

Göttin segnet dich und du dankst ihr für ihren Segen, Du verabschiedest dich, erhebst dich und drehst dich langsam um und öffnest die Hände. Vor dir öffnet sich gleichzeitig der Vorhang und du gehst wieder hindurch zurück in den Ort, aus dem du gekommen bist. Dort angekommen blickst du eine Weile alles genau an, bis du irgendetwas siehst, das für Dich bestimmt ist. Es ist vielleicht ein Gegenstand, ein Symbol oder vielleicht eine Person, ein Tier oder eine Pflanze. Was es auch ist, es dient Dir bei Deinem Vorhaben. Du nimmst es dankbar an. Ein Symbol befestigst Du irgendwo an Deinem Körper, einen Gegenstand, eine Pflanze oder einen Stein nimmst Du an Dich, eine Person nimmst Du vertrauensvoll an die Hand, ein Tier bittest Du Dich zu begleiten. Verlasse nun langsam den Ort und komme allmählich wieder zurück in die Gegenwart. Atme mehrmals tief durch und öffne die Augen.

Vergewissere Dich Deiner Umgebung bis Du wieder ganz wach bei Dir selbst bist. Stehe auf und öffne den magischen Kreis.

Denke nun nicht weiter darüber nach, vergiss es und nimm Deinen Alltag wieder auf.

(Das Ganze soll nicht länger als 15 Min. dauern.)

Literatur

Ascher, Ulrike: Magisches Entrümpeln, München 2004

Blair, Nancy: Göttinnen für jede Jahreszeit, München 1997

Castaneda, Carlos: Das Feuer von innen, Frankfurt am Main 1985

Castaneda, Carlos: Die Kunst des Pirschens, Frankfurt am Main 1981

Cayce, Edgar: Über Sexualität und Erleuchtung, München 1980

Crowley, Vivianne: Wicca, Neuhausen 2001

Cunningham, Scott: Wicca, München 2001[2]

Davis, Patricia: Aromatheraphie und Chakren, München 1993

Eurobooks: Heilen mit Steinen, Limassol 1999

Golowin, Sergius: Das Reich des Schamanen, München 1989

Golowin, Sergius: Die weisen Frauen, München 1989

Hark, Helmut: Träume als Ratgeber, Reinbek 1986

Harbour, Dorothy: Achtung, Energie-Vampire, München 2000[3]

Hodosi, Oskar: Licht Tantra, München 1996

Hornung, Erik: Geist der Pharaonenzeit, München 1992

Johnson, Richard L.: Ich schreibe mir die Seele frei, Freiburg 1995[3]

Kolland, Karin: Intuitives Reiki, Gleisdorf 2003

Kraus, Michael: Ätherische Öle für Körper, Geist und Seele, Gaimersheim
    1992

Murphy, Dr. Joseph: Die Macht Ihres Unterbewußtseins, Genf 1987

Parker, Alice: Träume als Schlüssel zum Selbst, München 1998

Plack, Arno: Die Gesellschaft und das Böse, Frankfurt/M.1991

Shah, Idries: Magie des Ostens, Basel 1994

Shakti Morgane: Orientalischer Tanz und Ekstase – der weibliche Weg zum
    ‚magischen Feuer', Berlin 2000[2]

Shakti Morgane: Tarot. Der Schlüssel zur Magie. Norderstedt 2002

Shakti Morgane: Tarot-Geister rufen, Norderstedt 2009

Shakti Morgane: Die Richtung der Kraft, Norderstedt 2006

Sharamon, Shalila; Baginski, Bodo J.: Das Chakra-Handbuch, Aitrang 1992[17]

Singer, Claire: Das große Buch der Hexen, Wien 2000

Starhawk, Der Hexenkult als Ur-Religion der Großen Göttin,
    München 1992

Too, Lilian, Feng Shui total, München 2004

Ulmer-Janes, Eva: Schamanisch Reisen in der Tradition der
    hawaiianischen Kahunas, Wien 1999 (CD)